3억 원 빚더미에서 30억 원의 자산을 만든 싱글맘 경제 에세이

내 생애 봄날은 온다

3억 원 빚더미에서 30억 원의 자산을 만든 싱글맘 경제 에세이

내 생애 봄날은 온다

2025년 3월 31일 초판 1쇄 발행

펴낸이	김종욱
교정·교열	조은영
디자인	정나영 (@warmbooks_)
마케팅	백인영
영 업	김진태, 이예지
주 소	경기도 파주시 회동길 325-22 세화빌딩
신고번호	제 382-2010-000016호
대표전화	032-326-5036
구입문의	032-326-5036 / 010-6471-2550 / 070-8749-3550
팩스번호	031-360-6376
전자우편	mimunsa@naver.com
ISBN	979-11-87812-38-8 (03190)

3억 원 빚더미에서 30억 원의 자산을 만든 싱글맘 경제 에세이

내 생애 봄날은 온다

장하늘 지음

미문사

—

막무가내로 파이어족이 되었다.

나는 허점이 많은 사람이다.

조심성이 없고 실험 정신이 투철하다 보니

인생이라는 무대에서 넘어지고 깨졌다. 나의 경험이

누군가에게 실수를 피할 수 있거나 혹은 어떤 문제를

직면했을 때 해결할 수 있는 실마리가 되길 바라는 마음으로

어수선하게 쓴 글을 정리하기로 했다.

차례

프롤로그

2021년 44살, 파이어족이 되기로 결심하다　　　010

❶ 돈, 벌자

- -

나보다 돈이 돈을 잘 번다　　　018

기회의 신　　　024

❷ 보이스 피싱

- -

신용 카드에 청구된 수상한 금액　　　032

핸드폰 인증 번호　　　037

부천시 원미경찰서　　　043

분실 신고한 신용 카드가 승인되다　　　047

억울한 형사 소송　　　052

인생을 건 민사 소송　　　058

판례가 갖는 의미　　　063

❸ 빗과 가족

돈복과 가족　　　　　　　　　　　074

신용 대출　　　　　　　　　　　　078

명퇴 그리고 사채　　　　　　　　　083

계, 전세 자금 대출　　　　　　　　088

서명의 중요성　　　　　　　　　　091

어머니의 병원비　　　　　　　　　096

월세방에서 쫓겨날 위기의 엄마　　101

사망한 아버지가 남긴 보증 빚　　105

전략적 신용 회복　　　　　　　　112

새로운 가족　　　　　　　　　　119

홀로서기　　　　　　　　　　　　122

다시 뭉친 가족　　　　　　　　　131

❹ 집이 부여하는 의미

집의 의미   138

방 한 칸   140

다가구, 쪽방, 단칸방, 전셋집   143

청약, 방 2칸 빌라 전셋집   148

사는(거주 할) 집 VS 사야 하는(돈이 되는) 집   153

나만의 공간 49m²   158

새소리로 아침을 맞이하는 84m²   164

위기와 기회   169

❺ 부동산 투자로 겪은 경험

종잣돈 마련하기   176

역전세   186

공인중개사   189

겁먹은 세입자   192

욕하는 세입자   197

더러운 세입자   205

무서운 세입자   210

고마운 세입자   225

⑥ 알아두면 좋은 돈에 대한 지식

기적 만들기   230

빚에 대처하는 방법   232

민법과 형법   239

상속과 증여   249

리스크 헤지: 보증 보험 증권, 보험   255

세금   261

이자: 복리와 단리   266

경매   270

핏빛처럼 선명한 꿈 그리기   274

더 알아보기   278

에필로그   296

2021년 44살, 파이어족[1]이 되기로 결심하다

12월 겨울, 자축하는 자리를 만들었다. 누군가에게 떠들썩하게 이야기하는 축하 자리는 아니었다. 조용하고 단순하게 내 마음 하나 고쳐먹은 게 전부다.

눈이 왔고 집 앞 커피숍에 갔다. 자리에 앉아 가져온 책을 펼쳐 몇 장 읽었다. 그러다 메모지를 꺼내서 낙서를 시작했다. 메모지가 어느새 꽉 차 있었다. 어수선한 단어로 시작했던 페이지를 넘기고 매달 지출되는 생활비 목록, 앞으로 돌아올 전세 세입자 만기일을 적었다. 복잡하고 난해한 부동산 세법이 개정되면서 전세금도 5% 상한제가 생겼으니 5%에 관한 내용도 기록했다. 나열된 숫자들을 한참 보았다. 낙서에 어지럽게 떠다니는 생각이 글자로 새겨졌다. '너무너무 일하기 싫다.' 잠시 상념에 젖었고 다시 낙서가 이어졌다.

---

1 파이어족: 파이어족은 '경제적 자립(Financial Independence)'을 토대로 자발적 '조기 은퇴(Retire Early)'를 추진하는 사람들을 일컫는 용어다. 이들은 일반적인 은퇴 연령인 50~60대가 아닌 30대 말이나 늦어도 40대 초반까지는 조기 은퇴하겠다는 목표로, 회사 생활을 하는 20대부터 소비를 줄이고 수입의 70~80% 이상을 저축하는 등 극단적 절약을 선택한다. 파이어족들은 원하는 목표액을 달성해 부자가 되겠다는 것이 아니라, 조금 덜 쓰고 덜 먹더라도 자신이 하고 싶은 일을 하면서 사는 것을 목표로 한다. 파이어족은 생활비 절약을 위해 주택 규모를 줄이고, 오래된 차를 타고,

'싫은 건 그만하자!!!' 평소 음식을 제대로 안 씹는 습관이 생각조차 꿀꺽~삼켜버렸다. 일생의 중요한 결정을 곱씹지도 않고 위장 속으로 넘겨버렸다.

19살, 고등학교 졸업 전부터 근로자로 돈을 벌기 시작했고 쉼 없이 생활비를 버느라 전전긍긍하며 돈 버는 기계로 살아온 지 25년 만이었다. 축하하고 싶었다. 커피숍에 있는 조각 케이크 하나를 샀다. 촛불이 없는 케이크를 보며 지나온 여러 가지 일들이 주마등처럼 스쳐 지나갔다.

케이크를 한입 먹었다. 지나온 인연이 떠올랐다. 나는 사람을 좋아한다. 그래서 15년 동안 영업할 때도 즐겁게 일할 수 있었다. 그렇게 일에 열중했었는데 일로 연결된 사람들에 마음을 다쳤다. 한번이 아닌 도미노처럼 사람들에 걸려 넘어졌다. 심신이 지쳐서 일에 열중하지 못하고 잠시 쉬고 있었다. 그때 놀기 위한 플랫폼에서 만난 나보다 2살 어린 40대 여자를 명예훼손으로 고발한 일도 떠올랐다. 머리 식히러 간 곳에서 머리를 된통 크게 가격당했다.

나는 나름의 소신을 지키며 의미 있는 삶을 살기 위해 노력했다.

외식과 여행을 줄이는 것은 물론 먹거리를 스스로 재배하기도 한다. 파이어 운동은 1990년대 미국에서 처음 등장했는데, 이후 2008년 글로벌 금융 위기 이후 전반적으로 확산됐다. 특히 글로벌 경제 위기 이후 이어진 경기 침체기에 사회생활을 시작한 밀레니얼 세대(1981~96년생) 등을 중심으로 미국은 물론 영국, 호주, 네덜란드 등 전 세계로 확산됐다. 주로 고학력·고소득 계층을 중심으로 파이어 운동이 확산되고 있는데, 이는 일에 대한 불만족도, 높은 청년 실업률, 경제적 불확실성 확대 등과 관련이 있다는 분석이다.

나도 물론 이해타산을 따지고 살았다. 나와 가족, 내 사람을 지키기 위해 싸움하듯 살았다. 그러나 하지 않겠다고 결심한 것들이 있다. 법과 질서를 준수하고 타인에게 해를 끼치지 않고 살려고 노력했다. 몰라서 당하기도 했지만 알아도 손해를 감수하며 살았다. 좋은 사람이 되고 싶었다. 그런데 '사람 좋다'는 게 이용당해 주겠다는 건 아닌데 쉽게 이용하고 속이고 없는 말을 만드는 사람도 있었다. 휘몰아쳐 몰려오는 일들로 사람을 만나는 게 무섭고 싫다고 느껴졌다.

돈을 벌어야 한다는 봇짐을 메고 살았다. 성인이 된 후 매달 생활비를 벌어야 한다는 의무감에 조바심을 낸 게 20년 이상이다. 한 달이라도 쉬면 생활비를 충당할 수 없어서 일을 그만둔다는 생각은 할 수도 없었다. 그런데 메모지를 보면서 웬걸~ 그만둬도 될 것 같았다. 조용하고 급작스러운 혼자만의 생각이었고 스스로 하는 다짐일 뿐이었다. 그날로 나는 결국 파이어족의 길을 선택했다.

12월이었는데, 선물처럼 하얀 꽃잎같이 흩날리는 눈을 보면서 눈 결정처럼 천차만별의 새로운 세상으로 한 걸음을 내딛는 순간이었다.

내가 이뤄낸 성과는 아주 작고 보잘것없다. 그래서 자랑할 만한 것은 못 된다. 다만 이러한 성과조차도 이루고 싶은 사람이 있다면 도움이 되고 싶다. 내가 이룬 것이기에 누구나 할 수 있는 일이라고 말해 줄 수 있다. 그리고 앞으로는 다른 계획을 세우려고 한다. 내가 현재까지 이뤄낸 총자산은 30억 원 정도에 불과하다.

30억 원 자산은 겨우 서울 아파트 2, 30평형대 한 채 가격이다. 결코 큰돈은 아니다. 단번에 서울에 있는 집을 사기 어렵다면 에둘러 돌아가면 된다. 좋은 자산은 물가 상승보다 더 오르는 특징이 있다. 1년에 4%만 오른다고 해도 연 8천만 원 이상 자산을 증식한다. 그것도 복리로. 쓸 만한 자산 25억만 모으면 연봉 1억이 추가로 생긴다.

1977년 여자로 태어나서 불알 두 쪽도 없이 태어났다. 나는 요즘 흔히 말하는 흙수저로 자랐다. 내가 가진 건 가난, 빚, 가족, 꿈, 그리고 나 자신이 전부였다. 심지어 나는 머리가 좋지도 않고 부족하고 실수도 많은 사람이니 나의 인생은 오색찬란하다. 그런 내가 했다면 누구든 나보다 잘할 수 있다고 말해 주고 싶다.

내겐 운이 있었는데, 일찌감치 돈의 힘을 알았다는 것이다. 나는 돈을 벌기 위해 꿈을 접는 10대를 보냈다. 그리고 빚을 떠안고 빚을 내고 빚을 갚는 빚과 함께하는 20대를 보냈다. 30대에는 가족들을 부양하고 가장으로 살면서 빚을 더 내기도 했다. 많은 빚을 갚았고 종잣돈으로 돈을 굴려보기도 했다. 그리고 40대에 다시 돈의 시험에 들고 돈의 속성을 이해하고 돈을 마주 볼 수 있게 되었다.

돈 때문에 괴로워하고, 아쉬워하고, 상처받은 순간들이 지나갔다. 아니, 사실 아직도 돈과 줄다리기하며 살아간다. 돈은 우리가 살면서 반드시 알아야 하고 친해져야 하는 생물이다. 그 돈과의 친목에 어려움을 겪는 사람들에게 도움이 되었으면 하는 마음에 부끄러운 일들까지도 꺼내 보기로 했다.

2023년 안타깝게도 희망 회로에 문제가 생기면서 파이어족 생활이 중단됐다. 부동산 하락에 직격탄을 맞고 재무 상태에 경고등이 들어왔다. 갑자기 엄마와 합가하면서 생활비가 두 배로 늘게 된 것도 이유가 되었다. 복합적인 이유로 2023년 행복한 백수 생활은 잠정적 휴업하게 됐다. 2023년 1월 다시 노동자가 되었다. 매달 나가야 하는 생활비를 충당하기 위한 선택이었다. 그래도 몇 년만 버티면 다시 자산이 늘어날 것이라는 희망을 품었다.

2024년 10월 다시 나는 회사를 그만두었다. 여생을 충족하게 살 만큼의 자산을 이룩한 것은 아니지만 자산을 운용하며 파이어족으로 살아갈 계획이다. 부를 가진 사람들에게 나의 돈은 터무니없이 적게 느껴지겠지만 주관적으로 나의 20대를 생각하면 현재의 나는 꽤 발전한 상태이다.

빚에 굴레에 갇혀 있던 나는 어떻게 자산 30억을 만들었을까? 빚을 갚은 일, 버티기 한 시간, 돈을 모은 일, 돈을 굴리면서 발생한 일을 글로 기록했다. 자산을 만든 방법이 생각보다 쉽고 간단해서 놀랄 수도 있다. 그렇기에 누구나 마음만 먹는다면 충분히 할 수 있다.

다만 당부하고 싶은 건 있다. 돈이란 생물을 내 것으로 만들고 자신의 꿈을 이루고 싶다면 목적을 명확히 하라고 말해 주고 싶다. 어떤 방법을 쓰더라도 자기 자신을 소중히 하고 자신의 신념을 지키며 살라고 말해 주고도 싶다. 그래야 돈을 모았을 때 돈을 도구로 이용할 수 있게 된다. 우리 모두 돈에 끌려다니는 사람이 아니라, 돈을 다룰 줄 아는 사람이 되자.

❶

돈, 벌자

나보다 돈이
돈을 잘 번다

2019년, 15년 이상 보험 영업으로 생계를 유지했는데 '을'의 피로가 쌓여 영업에 대한 열정이 바싹 말라버렸다. 부업으로 플랫폼 비즈니스에 마음을 쏟아부었으나 그 또한 흐지부지되면서 딱히 소득조차 없었다.

내 재정 상태와 상반되게 부동산이 움직일 조짐이 여기저기서 포착됐다. 기회, 투자를 하려면 돈이 필요했다. 부동산 투자를 위해 가용할 수 있는 현금을 확인했다. 나는 그간의 경험으로 돈이 많을수록 기회가 많다는 걸 알고 있었다. 기회가 왔는데 돈을 마련하려니 그놈의 돈이 어디로 사라진 건지 바닥이 나 있었다. 그간의 행적이 주마등처럼 스쳐 지나갔다. 몇 년 동안 장사, 결혼생활, 주식으로 많은 돈을 까먹었다. 과거는 과거고 그렇다면 어떻게 돈을 마련할 것인가? 다시 생각을 모으기 시작했다. 기회가 온 것을 온몸으로 알았기에 가만히 손 놓고 기회를 놓칠 수 없었다.

총자산을 확인해 보니 두 개의 집과 아들 돈이 전부였다. 84㎡의 부천 범박동 아파트는 최고한도까지 대출받은 실제 거주하고 있는 집이다. 그리고 49㎡인 인천 부평구 삼산동의 아파트는 전세금과 매매가가 별반 차이가 없는 소위 깡통집이다.

아들 돈은 교육비로 쓸 돈이었다. 아들은 특성화 고등학교를 가면서 학원비와 고등학교 등록금이 들지 않았다. 대학도 가지 않았다. 대한민국 가정에서 아이들 교육비는 상당하다. 여타학생과 달리 아들에겐 교육비가 필요 없었다. 보편적으로 자녀 한 명을 교육하는 데 필요한 돈과 아들이 실질적으로 사용한 교육비의 차를 재무 계산기[2]로 돌렸더니 1억 1천만 원 정도가 나왔다. 그중에 아들을 위해 모아 놓은 돈 5천만 원의 현금이 있었다.

나는 아들이 20살 성인이 되었을 때 유대인의 성년식을 흉내 내 보았다. 아들 스스로 아낀 학원비와 대학 등록금을 아들에게 주기로

---

2 재무 계산기: 활용도가 많다. 그러나 당시 내가 활용한 건 기간: N, 이율: I/Y, 현재 가치: PV, 미래 가치: FV, 매일, 매월, 매년 반복되는 숫자: PMT, 결과를 도출하는 CPT가 전부다.

한 것이다. 증여라고 할 것도 없다. 아들 스스로가 아낀 교육비 중 일부를 준 게 전부다. 아들이 결혼하거나 나이가 30살 즈음이 될 때까지는 경험이 있는 내가 돈을 굴리는 데 관여하기로 했다. 적어도 아들보다는 돈을 잘 불려야 한다는 사명감이 내겐 있다. 아들에게 처음 돈에 관해 이야기하며 20대에는 스스로 돈에 대해 배우고 돈을 아끼고 돈을 다룰 수 있게 되길 바란다고 당부했다.

내 취미 중 하나는 부동산 살피기다. 말 그대로 취미생활이다. 일반 사람들이 핸드폰 게임을 하거나, 뉴스를 보듯 나는 부동산 전반적인 점을 둘러본다. 매일 일과로 습관처럼 부동산 동향을 보다가 그즈음엔 신경을 바짝 써서 부동산 시세와 임대 금액에 주시하고 있었다. 서울 인기 지역 부동산 시세가 눈에 띄게 움직이고 있었기 때문이다.

당시 내가 투자할 수 있는 몇몇 지역을 이미 선택해 놨다. 경기도 부천, 광주, 수지, 서울 서대문구 홍제동, 그리고 인천 계양구. 다섯 곳을 선택한 이유는 간단했다. 내가 거주하거나 왕래하는 곳이라서 시세와 입지를 잘 알고 있었다. 더구나 주변 신축 아파트에 비해 구축 아파트 가격 차이가 크고 갭 투자 비용도 적었다. 신축 아파트 분양이 성공리에 완판되는 걸 보며 해당 지역이 선호도가 있다는 것도 확인했다. 부동산 시장이 들썩이며 다섯 지역의 전세금도 올랐다. 그러나 신축과 달리, 구축 아파트의 매매가는 그대로였다. 덕분에 전세가와 매매가 차이가 점차 좁혀졌다. 이때를 나는 타이밍이라고 생각했고 기회를 잡고 싶었다.

　부천 범박동 집은 살기 좋은 집이고 만족스러운 집이었다. 그러나 집을 집으로만 볼 순 없었다. 내가 가지고 있는 집을 거주지에 국한하지 않고 투자 대상으로 보며 앞으로 얼마나 오를 수 있을지 다른 지역과 비교했다. 집은 물론 생활하는 곳이기에 편안한 곳이어야 한다. 그러나 내가 가진 재산은 부동산이 전부였다.

　그맘때 나는 안락을 위한 집을 소유하고 있었다. 현실을 똑바로 판단해야 했다. 정신 줄이 나간 내가 보였다. 부동산에 대한 가치를 까마득히 잊고 있었다. '집은 물가상승 이상 상승하는 재산의 가치가 있는지를 따져봐야 한다' 이건 나에게 당연한 원칙이었다. 내가 좋아하는 재산은 감가상각으로 줄어드는 재산이 아니다. 투자 금액 대비 수익을 많이 내는 재산이 내겐 좋은 재산이다. 집의 판단 기준을 다시 명확히 했다. 현실 자각 타임이 시작됐다. 부천 집, 인천 집이 오르긴 할까? 기존 집을 그대로 가지고 있는 것보다 기회가 될 만한 물건을 잡아야겠다고 마음먹었다.

　기회를 잡으려면 있는 재산을 처분해서 돈을 마련해야 했다. 몇 년 동안 월세를 살더라도 돈 마련을 위한 결정이라서 몸으로 하는 고생은 두렵지 않았다. 나는 불편을 감수할 각오를 했다. 투자할 장소 임장도 꾸준하게 다녔다. 집을 사서 그 집에 입주할 생각은 없었다. 갭투자로 방향을 잡았다. 필요자금을 최소화하기 위해서였다. 경기도 용인시 수지와 서울 서대문구 홍제동은 전세를 주더라도 최소 투자금이 1억 원은 필요했다. 경기도 광주는 투자금이 2천만 원 정도가 필요했다.

당시 부동산이 들썩거리며 부동산 규제책도 나오고 있었다. 세금 규제가 강화됐다. 1가구 1주택자에게 면세해 주던 정책에 '조정 지역', '거주 요건'이라는 신개념이 첨부됐다. 조정 지역은 투자 시 주의해야 할 점이 늘어난다. 서울 일부 지역이었던 조정 지역이 수도권 전체로 확대되었다. 거주요건은 주택 매도 시 2년 이상 거주해야만 세금이 면세되는 조항이었다. 양도소득세를 면세받거나 적게 내려면 거주가 필수다. 지역을 무작정 확대할 수 없게 되었다. 인천은 갭 투자 비용 5천만 원이 필요했다. 매력적인 매물이 곳곳에 보였지만 나에게 맞는 물건을 선택해야 했다.

부천 범박동 집을 월세를 줬다가 다시 범박동으로 들어온 건 집을 매각하기 위해서였다. 집을 잘 팔려면 세입자가 있는 것보다는 집주인이 거주하는 게 유리하다. 집을 깔끔하게 유지하고 있어야 제값을 받고 잘 팔 수 있다. 내가 소유한 집이 아파트라서 집 매매에 어려움은 없을 거로 생각했다. 수시로 돈을 계산했다. 집을 팔고 근저당 대출을 갚고 나면 1억 5천만 원의 여윳돈이 생긴다. 그리고 아들 교육비 5천만 원이 있었다.

내가 만들 수 있는 순자산은 최고 2억 원이었다. 2억 원으로 최대의 효과를 봐야 한다. 신중하게 결정해야 하기에 당시 부동산 세법을 확인했다. 가장 좋은 투자는 세금을 절세하는 것이다. 양도차익을 얻는다고 해서 무조건 그것이 순이익이 되지 않는다. 꼼꼼하게 세금을 확인하고 미리 준비할 부분을 챙겼다. 아들이 20살이라서 아들의 종잣돈은 아들 명의로 집을 사기로 했다. 20살부터는 5천만 원까지 증여세가 없으므로 안성맞춤이었다.

나는 30대에 처음으로 종잣돈을 모아 투자에 나섰다. 그때 내가 돈을 버는 것보다 돈이 돈을 버는 게 빠르다는 걸 경험했다. 기회는 언제나, 어디서나 은밀히 다가와 인생의 파편 속에 한 줄기 빛을 뿌린다. 그러나 그 찬란한 순간에 눈을 뜰 준비가 되어 있지 않다면, 마치 바람에 실려 스치듯 사라지고 만다. 순간의 기회를 확실히 움켜잡으려면, 낚시꾼이 찌의 미세한 떨림을 감지하고 단번에 낚싯줄을 당기는 것처럼, 날카로운 감각과 신속한 판단이 필수적이다.

좋은 매물은 시간을 끌며 고민할 여유가 없었다. 천천히 알아볼 때만 해도 많았던 매물들이 순식간에 사라지는 것이 보였다. 더 좋은 층, 상태가 좋은 매물들이 하루가 다르게 사라졌다. 내 집이 나갈 때까지 기다리다가는 매수 물건을 모두 놓칠 것 같았다. 조급한 마음에 잔금 납부 시기를 넉넉히 해줄 수 있는지 매수할 부동산 사장님께 문의했다. 다행히 잔금 지급일을 최대한도로 미뤄 줄 수 있다고 답변을 받았다. 내가 소유한 범박동 부동산 사장님께 문의하니, 부천도 거래가 원활해 매수 계약을 먼저 진행해도 큰 문제가 없을 거라고 했다. 나름대로 여러 사항을 꼼꼼하게 확인하고 인천 계양구에 있는 아파트 두 개 계약을 마쳤다. 공격적인 투자가 시작됐다.

기회의
신

- - - - - - - - - - - - - -

앞머리가 무성한 이유는

사람들로 하여금 내가 누구인지 금방 알아차리지 못하게 하고

나를 발견했을 때는 쉽게 붙잡을 수 있도록 하기 위함이고,

뒷머리가 대머리인 이유는

내가 지나가고 나면 다시는 나를 붙잡지 못하도록 하기 위함이

며, 발에 날개가 달린 이유는 최대한 빨리 사라지기 위해서이다.

저울을 들고 있는 이유는

기회가 앞에 있을 때는 저울을 꺼내 정확히 판단하라는 의미이며,

날카로운 칼을 들고 있는 이유는 칼같이 결단하라는 의미이다.
나의 이름은 '기회'이다.

- 기회의 신, 카이로스[3]

부동산 시세는 파도처럼 출렁였다. 하루하루 변하는 가격은 마치 숨 가쁜 경주 같았다. 내가 사고 싶었던 용인 수지구의 아파트들은 마치 날개라도 단 듯, 보름마다 1억 원씩 높이 날아올랐다. 5억 원 정도 하던 집이 눈 깜빡할 사이에 7억 원으로 호가가 바뀌었다. 저렴하다고 생각했던 매물은 순식간에 사라졌다. 가격이 오르자 급기야 매도자들이 매물을 거둬들였다. 그리고 계약을 취소하는 일까지 일어났다.

내가 기회라고 생각한 타이밍은 정확했다. 그즈음 부동산을 갈아타려고 결심한 건 어느 지역이 더 오를 것인가를 꾸준하게 살핀 결과다. 여윳돈이 없는 나는 돈 마련을 위해 기존 부동산을 매도하

---

3 카이로스: 카이로스(고대 그리스어: Καιρός, 라틴 문자전사: Kairos, 라틴어형: Caerus)는 그리스어로 '기회(찬스)'를 의미하는 Καιρός를 신격화한 남성신이다. 원래는 '새긴다'라는 의미의 동사에 유래하고 있었다고 한다. 히오스의 비극 작가 이온에 의하면, 제우스의 막내아들로 되어 있다. 카이로스의 풍모의 특징으로서 두발을 들 수 있다. 후대에서의 그의 조각은 앞머리는 길지만 후두부가 벗겨진 미소년으로서 나타내지고 있어 '기회의 신은 앞머리밖에 없다' 즉 '호기는 빨리 포착하지 않으면 나중에 파악할 수 없다'라는 의미이지만, 이 속담은 이 신에 유래하는 것이라고 생각된다. 또, 양다리에는 날개가 뒤따르고 있다고도 한다. 올림피아에는 카이로스의 제단이 있었다. 그리스어에서는 '때'를 나타내는 말이 Καιρός (카이로스)와 Χρόνος (크로노스)의 2가 있다. 전자는 '시각'을, 후자는 '시간'을 가리키고 있다. 또, '크로노스 시간'으로서, 과거부터 미래로 일정 속도·일정 방향으로 기계적으로 흐르는 연속 시간을 표현해, '카이로스 시간'으로서, 일순간이나 인간의 주관적인 시간을 나타내기도 한다.

는 것밖에는 방법이 없었다. 매일 습관처럼 매물을 살피는 취미생활이 돈 감각을 깨웠다. 부동산 움직임이 심상치 않았다. 서울 특정 지역에서만 일어났던 부동산 가격 폭등이 수도권으로 빠르게 확산했다. 마음이 조급해졌지만, 방법이 없었다. 코로나 때문에 내 집은 계약이 안 되고 있었다.

저 멀리 숲을 응시하며 한 걸음 한 걸음 신중하게 나아가고자 했지만, 순식간에 내 발등에 번진 불길이 다섯 발가락을 집어삼키고 곧 발에서 온몸으로 퍼질 위태로운 상황에 이르렀다. 부천 범박동 집이 안 나간 상태에서 부동산계약 세 건을 해놓은 상태였다. 인천에 두 건 서울 서대문구 홍제동에 한 건.

2020년 기회를 포착하고 세 건의 부동산을 계약했다. 나는 부동산 매수 계약을 한 상태로 이미 세 건 모두 계약금을 냈고 잔금을 치르지 못하면 고스란히 전 재산을 날릴 판이었다. 한 건은 아들 몫으로 저축한 돈이었기 때문에 잔금까지 큰 문제가 없었다. 두 건이 문제였다.

한 건 한 건을 어떻게 처리할 것인지 모든 신경을 집중했다. 인천 부동산은 부동산 중개해 주신 사장님과 상의했다. 우선 나도 매수자를 찾아보겠다고 말씀드리고 내가 적임자를 못 찾더라도 매수자 찾는 것을 도와달라고 부동산 사장님께 부탁드렸다. 부동산 분위기가 좋았기 때문에 함께 고민해 주시기로 했다.

계약 시점은 잘 잡았다고 생각했기 때문에 좋은 기회를 타인에게 넘기는 건 아쉬웠다. 우선 가족 중에 큰 형부에게 전화를 걸었다. 두 개의 물건 중에 층수도 더 좋고 가격도 1천만 원 더 저렴하게 잡은 물건을 큰 형부가 사면 좋을 것 같다고 말했다. 큰 형부도 결혼할 자녀 몫으로 돈을 모아 놨었다. 기회가 좋으니 이번에 투자해 보라고 말했다. 그런데 아쉽게도 큰 형부는 투자에 여전히 관심이 없었다. 이전부터 늘 그래 왔다. 결국 부동산 중개 사장님이 그 물건을 사기로 했다. 남에게 아까운 물건을 넘기는 게 아깝고 안타까웠다. 그러나 나는 다행히 계약금을 날리지 않았다. 부동산업자도 느낄 만큼의 기회로 매달 호가가 변하고 있었다. 1년 후 이례적으로 인천 지역 아파트가 1억 이상 올랐다.

두 번째 홍제동 집, 그 집은 32평 아파트를 4억 6천에 계약한 집이다. 당시 4년 동안 사귀던 남자 친구 명의로 계약했다. 그를 처음 만났을 때 그는 무일푼이었다. 그의 명의로 계약을 한 건 그와 함께 그곳으로 거처를 옮겨서 살 생각이었기 때문이다. 계약을 포기하면 계약금 4천만 원을 잃어버리게 되거나 타인에게 넘기더라도 그간의 나의 노력이 수포로 돌아갈 상황이었다.

그의 부모는 홍은동 빌라에 살고 있었다. 그것도 불과 1년 전 언덕에 있는 빌라가 재개발되면서 집값이 올랐다. 이때 매매 가격을 잘 절충했고 그 돈으로 이사를 한 곳이 인근 빌라였다. 그의 부모님은 아파트 재개발을 기다렸다가 그 혜택을 받을 만큼의 여윳돈이 없었다. 그래서 선택한 건 아파트 재개발 권리를 프리미엄 받고 파는

것이었다. 그 과정에서 내가 개입해 드렸다. 나름대로 가격을 잘 받고 집을 팔았다. 이전 빌라 집을 팔고 새로운 빌라로 이사했다.

　이전 집과 달라진 건 언덕이 아닌 평지 빌라로 이사 가게 된 점이다. 부모님이 평지 빌라 집에 이사 간 지 1년이 되었다. 나는 그에게 계약한 아파트로 부모님을 이사시키는 게 어떨지 물었다. 부모님은 나이가 있어서서 대출은 그가 받는 게 합리적이었다. 내가 냈던 계약금을 그에게 돌려받고 그가 실질적인 그 집의 소유주가 되었다. 그리고 그는 부모님과 그 집으로 이사했다. 그가 이사를 마친 후, 그 집은 두 달 만에 1억 원 이상 올랐다. 그리고 나는 그와 헤어졌다. 이후 1년이 지나자 그 집은 3억 원 이상 상승했다.

세 건의 부동산 계약 건은 정돈이 되었다. 그러고 나서 애를 먹이고 안 나갔던 부천 범박동 집이 계약됐다. 그런데 지켜보던 부동산들은 이미 많이 올라서 내가 살 수 없게 됐다. 수지는 1년 이후 부동산 가격이 모두 두 배가 됐다. 좋은 기회를 알아보고 계약까지 했었지만 다른 사람들에게 물건을 넘겨주고 말았다. 놓친 기회는 아쉬웠지만 나는 다시 투자하기로 마음먹었다. 마음에 들었던 집들은 모두 놓친 후였다. 돈에 맞춰서 서울 서대문구 홍은동 나홀로 아파트를 샀다. 그 지역은 계속 재개발을 추진하고 있어서 그곳을 선택했다.

2

보이스 피싱

신용 카드에 청구된
수상한 금액

2020년 봄, 신용카드 청구서를 보던 순간 눈동자가 서서히 확대되고 입이 놀라움에 열렸다. 마치 뒤통수를 강타당한 듯 정신이 온통 혼란스러웠다. 눈앞이 하얘졌다. 숨이 막히고, 머릿속이 텅 빈 듯했다. 예상치 못한 300만 원이 청구된 것을 확인한 순간, 마치 뒤통수를 강하게 얻어맞은 듯한 충격이 밀려왔다. '무슨 일이지?' 꼼꼼히 청구된 리스트를 살폈다. 그런데 전혀 짐작되지 않는 내용을 발견했다. 금액이 300만 원이 넘는 금액인데 어떤 건지 알 수 없었다.

아무리 생각해도 어떤 돈인지 생각나지 않았다. 결재일을 며칠 앞두고 벌어진 일에 망연자실했다. 진위 파악이 시급했다. 금요일 저녁에 발견해서 고객센터에 알아볼 수도 없었다. 무섭고 피하고 싶은 일일수록 빨리 그 실체와 대면해야 한다. 그것은 나에게 진리였다. 내 인생은 늘 그것을 일깨워 주는 일들이 많았다. 의심스럽거나 꺼림칙한 일은 조용하고 은밀하게 켜켜이 쌓여 어느 순간엔가 산사태가 되어 나를 공격했었다. 머릿속이 분주해졌다. 베일에 싸인 불안의 씨앗, 두려운 마음은 생명이 있는 것처럼 계속 거대해졌다. 경우의 수를 생각하며 주말이 지나갔다.

"여보세요? 청구서 내용을 확인하려고요, 모르는 금액이 청구됐습니다." 월요일 아침 9시 5분에 카드사에 전화를 걸었다. 어떤 내용인지 문의했으나 카드사에서도 바로 알 수 없는지 청구된 상세 내용을 알아보고 전화를 준다고 했다. 하루가 지나고 이틀이 지나도 상담원은 전화가 없었다.

3일째 되는 날 다시 신용 카드사에 전화를 걸었다. 답답한 마음에 신용 카드사에 강력하게 항의한 후 몇 시간이 지나서 내용을 들을 수 있었다. "핸드폰 요금입니다." 핸드폰? "어떤 번호인지 알 수 있을까요?" 돌아오는 답변은 어이없게도 모른다고 했다. 그건 통신사에 전화를 해봐야 한다고 말해 주었다. '뭐가 이렇게 복잡하지?'

내가 핸드폰 요금을 내는 건 3건이었다. 내 것, 아들 것, 그리고 엄마 것. '누가 혹시 소액 결제를 한 것일까? 엄마가 실수로 뭔가 잘못 눌러서 이상한 게 결재된 걸까? 아들이 게임을 하면서 결제한 걸까?' 생각이 소용돌이쳤다. 통신사에 전화해서 각각의 전화 요금을 확인했다. 전화 요금을 알아보는 것도 시간이 한참 걸렸다. 모두 확인해 본 후 얻은 결론은 더욱더 이상하다는 점이었다. 다행인지 불행인지 세 명의 요금에 문제가 있는 게 아니었다. 그렇다면 이 결제 청구서에 표기된 통신 요금은 대체 뭐지? 정체를 찾아야 했다.

신용 카드사에 전화해서 다시 문의했다. 답답함은 쉽게 해소되지 않았다. 어떻게 된 건지 알 수 없는 상황이 이어졌다. 몇 번의 민원성 통화를 하고 나서야 겨우 통신사 정보를 알게 됐다. 그리고 통신사에 문의 전화를 했다. 내가 가입하지 않은 통신사 SKT였다. '도대체 나에게 무슨 일이 발생한 거지?' 종잡을 수 없는 불안감이 이끼가 되어 온몸에 퍼지며 피가 녹색이 되는 것 같았다. 통신사에 전화했으나 번호를 알지 못하면 상담이 안 된다고 했다. 상담원에게 신용 카드 청구서에 요금이 청구되었고 카드사에서 통신사만 겨우 확인받았다고 했더니 직접 신분증 가지고 통신사 대리점에 방문하라고 했다. 정말이지 쉬운 게 없었다. 인근 통신사 대리점 위치를 확인하고 전화를 끊었다.

불안감이 점점 커졌다. 더 미룰 일이 아니라는 생각에 서둘러 길을 나섰다. 대리점 상담직원에게 나의 상황을 설명했다. 그러나 대리점 상담원도 전화 상담원과 똑같은 말을 물었다. 핸드폰 번호를 알려 달라는 말뿐이었다. 너무나 형식적이고 기계적인 반응이었다. 인내심을 시험당하는 듯한 기분이었다. 마음을 가다듬고 상황설명을 다시 장황하게 했다. 대리점에서 한참을 기다린 후 프린트물을 받았다. 010-XXXX-XXXX 처음 보는 핸드폰 번호가 적힌 가입 증명서였다. '이 번호는 대체 뭐지?' 난생처음 보는 낯선 핸드폰 번호였다. 그 자리에서 해당 번호로 전화를 걸었다. 받지 않았다. 순간 등 뒤에서 식은땀이 나고 소름이 끼치면서 스산한 한기가 느껴졌다. 도대체 이게 무슨 일이지? 순간적으로 한 가지 기억이 떠올랐다. 맞다! 몇 개월 전에 대출받기 위해 개인 정보를 보냈다. '오, 마이 갓, 사기를 당한 것인가?'

　머릿속이 하얗게 변하더니 이내 선명해졌다. 대리점 안으로 다시 들어갔다. "사기를 당한 것 같아요." 어떻게 해야 할지 모르겠지만 우선 핸드폰을 해지해야 할 것 같았다. 해지를 부탁했다. "사용 요금을 다 내셔야만 핸드폰 해제 요청을 할 수 있습니다." 차가운 답변에 나도 모르게 나는 내 머리카락을 움켜잡았다. 이게 대체 무슨 말인가? 사기를 당해 모르는 핸드폰이 개통됐는데도, 내가 사용 요금을 내야 해지가 가능하다는 말인가? "저기요~ 지금 저는 사기 당했다고 말하는 거예요, 이 번호가 범죄에 이용된 것 같아요. 해지할 수 없으면 어떻게 해야 한다는 거죠?" 다시 앵무새처럼 반복되며 돌아온 말은 요금을 내야 해지가 된다는 말이었다. 생각의 정리가 필요했다. 우선 핸드폰 정지를 요청했고 통신사에 사기당한 것 같다는 기록을 반드시 남겨 달라고 요청했다. 대리점을 나오는데 불만 섞인 거친 한숨이 뱉어졌다.

이후 바로 신용 카드사에도 사고 신고 접수를 했다. 신용 카드가 노출되어 이용되고 있다고 메모를 요청했고 분실 및 도용 사고 접수도 요청했다. 안내원이 신용 카드 재발급을 원하는 건지 확인해서 재발급 요청까지 마쳤다. 경찰서에도 전화를 걸었다. "무슨 일인지 잘 모르겠지만 신용 카드에 모르는 금액이 청구됐어요, 자세히 알아보는데, 시간이 며칠 걸렸고 결국 핸드폰 요금이란 걸 알게 됐어요. 통신사에 가서야 내가 난생처음 보는 핸드폰 번호를 발견했습니다." 경찰이 연결해 준 곳은 보이스 피싱 사고 피해를 위한 부서였다. 나는 내가 보이스 피싱 당했다는 걸 그제야 알게 됐다.

핸드폰
인증 번호

- - - - - - - - - - - - -

    나는 어린 시절, 만화책을 읽는 걸 한심하게 여겼다. 근데, 사춘기 때 내게 친구들은 진짜 없어서는 안 될 존재였다. 그때 운명 공동체처럼 뭉쳐 있던 고등학교 친구가 "재밌다"고 소개해 줘서, 만화책과 처음 인연을 맺게 되었다.

    그때 읽은 만화 중에 신일숙 작가님의 〈아르미안의 네 딸들〉이라는 만화가 있다. 마누아, 스와르다, 아스파샤, 샤르휘나 네 명의 딸들의 삶이 어떤 우여곡절을 겪는지 파란만장한 이야기가 펼쳐진다. 무척 재밌었던 만화라서 작가님의 다른 작품까지 찾아서 읽었다. 만화의 세부 내용은 희미해졌어도, 그 속에서 반복되어 나온 장면이 내 마음 한구석에 주홍빛 자국처럼 선명하게 남아 있다.

"인생은 예측불허, 그러므로 생은 그 의미를 갖는다." 네 딸의 인생에 위기와 혼돈이 몰아치는 그 격동의 순간, 바로 이 문구가 모습을 드러냈다. '두둥~' 하며 한 페이지를 화려하게 장식한 궁서체를 보자마자, 고등학생 시절의 나는 온몸으로 전율했고, 마치 만화가 아닌 대하소설의 한 장면을 목도하는 듯한 감동에 빠졌다. 재미와 감동을 준 명대사가 내 인생에도 두둥~ 나타날 줄은 당시에는 몰랐다. 성인이 되고 나서 자주 예측불허인 인생과 맞닥뜨렸다.

예측불허인 나의 인생 여정엔 위기가 있었다. 몰아치는 위기 속에서 기회도 찾았다. 2019년 나뿐 아니라 지구에서 처음 겪는 새로운 예측불허의 사건이 발생했다. 코로나. 이 말도 안 되는 팬데믹으로 많은 사람이 어려움을 겪었다. '사회적 거리두기, 격리'라는 새로운 개념도 생겼다. 사회적 동물인 인간에게 처음으로 발생한 상상할 수 없었던 말도 안 되는 일이었다. 영화를 보는 것 같았다. 사람이 모여야 승하는 기업, 기관, 사람들이 경제적으로 곤란을 겪게 됐다. 그리고 소수의 사람은 기회를 얻었다. 처음 코로나가 발생했을 때 이렇게까지 전 세계적인 위협이 된다고 생각한 사람은 극소수에 불가했다.

초창기만 해도 이전에 발생했던 비슷한 질병처럼 가볍게 치부했다. 인플루엔자, 사스, 메르스 등 유사한 질병들이 많이 있었다. 그러나 코로나만큼 전파력이나 사망률이 심각한 건 생소했다. 이전에도 수시로 창궐했던 질병처럼 코로나 또한 쉽게 잡힐 줄 알았다. 그러나 코로나는 완전히 다른 범주를 만들었다. 격리, 사회적 거리 두기 개념은 점점 확산했다. 해외여행 불가, 마스크, 추적시스템, 특정 국가는 폐쇄 조치, 대륙의 규모는 환자가 발생한 집 문을 쇠못을 박아 막기도 했다. 알림 서비스, 방역, 변이, 또다시 변이, 지구 곳곳에서 새롭게 나타난 이 질병과 국가들은 나름의 전쟁을 선포했다. 역사상 전 세계가 처음으로 맞이한 핵폭탄급 전염병이다. 어떻게 대처해야 하는지 모두가 우왕좌왕했다.

2019년 코로나가 발생했다. 2019년 말, 한참 집을 보러 다닐 때만 해도 코로나가 이렇게 심각해질 줄 예상하지 못했다. 더욱이 내가 소유한 집은 아파트였고 거래가 잘되는 곳이었다. 나는 기존에 부동산 거래를 했던 것처럼 먼저 매수할 집을 계약했다. 그리고 이후 우리 집을 팔 생각이었다. 불안한 조짐, 불행은 별개로 오지 않고 쓰나미처럼 몰아서 닥쳐온다. 맙소사. 엎친 데 덮친다더니 2020년 코로나의 공포가 한창일 때 내가 사는 아파트에 코로나 환자가 발생했다.

코로나의 심각성이 일파만파 퍼질 때였고 코로나라는 말만 나오면 그곳이 어디든 개미 새끼 한 마리 다니지 않을 때였다. 부동산 체결한 매수 계약 2개의 계약금이 5천만 원이었다. 전세 입주자를 찾더라도 5천만 원이 더 필요했다. 잔금일까지는 넉넉하게 4개월을 잡았다. 그런데 그동안 코로나라는 거대한 괴물이 사람들을 경직시켰다.

집을 보러 오는 사람이 한 명도 없었다. 나는 어떻게든 내가 직면한 문제를 해결해야 했다. 대출을 알아봤다. 신용 대출을 한 곳에서 받았다. 그래도 돈이 부족했다. 고심하던 중 N 은행에서 전화가 왔다. 대출 신청 정보를 보고 전화했다고 추가 대출이 되는지 알아봐 준다고 했다. 은행 대출담당자라며 자신의 이름, 연락처가 있는 명함을 보내주었다. 기존에 이미 대출을 받을 때도 보낸 서류라서 나는 별 의심 없이 대출에 필요하다는 서류를 문자로 보냈다. 기존 은행과 달랐던 점은 신용정보를 위해 인증 번호 하나를 불러달라고 한 점뿐이다. 인증 번호를 불러줬다.

며칠이 지나도 대출 승인에 대한 피드백을 받지 못했다. 그래서 N 은행 직원과 통화를 했다. 그쪽에 대답은 추가 대출이 어렵다는 답변이었다. 그게 다였다. 내가 한 것은 신분증 사본, 신용 카드 번호, 유효 기간, 예금 계좌, 그리고 인증 번호를 보내 달라고 해서 문자로 보내준 게 전부였다.

인증 번호를 보낸 것이 핸드폰을 발급받은 것이란 걸 나는 전혀 인지하지 못했다. 의심스러운 게 없었던 건 아니다. 문자가 온 게 있었다. 유심이 개통됐다는 내용이었다. 당시 N 은행 직원에게 이게 뭔지 물어봤으나 핸드폰을 발급받는 것이 아니라 신용 조회를 위해 문자가 간 것일 뿐이라고 답변해 주었다. "유심이 개통됐다는 문자는 핸드폰을 발급받았다는 것 아닌가요?"라고 내가 재차 물어봤으나 "아니요, 신용 조회 절차에 필요할 뿐 핸드폰 개통을 한 게 아닙니다." 그에게 돌아온 답변이었다. 나는 그의 말을 믿었고 그런 줄로만 알고 있었다.

이렇게 쉽게 나는 사기를 당했다. '내가 보이스피싱을 당하다니?' 보이스 피싱을 당하기 전까지 사기당하는 사람들이 순진해도 너무 순진하다고 여겼다. 어떻게 그런 수법에 걸리는 걸까? 사람들이 순진하고 참 허술하다고 생각했다. 그러나 나는 오만한 사람일 뿐이다.

사기는 치밀하고 꼼꼼하다. 성실한 사기꾼에게 한번 덜미를 잡히면 꼼짝없이 잡아먹히게 된다. 사기는 머나먼 우주별 다른 세상일로 남의 일 같지만 언제든 내 일이 될 수도 있다는 걸 알게 되었다. 나는 돈이 급했고 조급했다. 사기꾼들은 그런 조바심을 귀신같이 알아챘다. 그리고 그들은 손쉽게 개인 정보를 습득했다. 그리고 그들이 할 수 있는 모든 걸 실행했다. 누구든 사기꾼의 표적이 되면 손쉬운 먹잇감이 될 뿐이다. 그들은 끈적끈적하고 강력한 거미줄을 쳐놓고 사냥감을 옴짝달싹못하게 가둔 뒤 서서히 자신의 배를 채운다.

나는 어릴 때 자기중심적이었고, 때로는 꼰대 같은 생각을 하며 타인을 함부로 판단하기도 했다. 하지만 삶은 내게 많은 가르침을 주었고, 덕분에 나는 조금씩 타인을 이해하게 되었다. 때로는 혼잣말로 자신만만하게 내뱉었던 말들이 시간이 지나 비슷한 상황에서 허우적거리는 나 자신을 마주하게 만들기도 했다.

이혼도 마찬가지였다. 나는 남들이 흔히 말하듯 '그래, 손바닥이 마주쳐야 소리가 나지. 누구 한 명의 잘못은 아닐 거야. 둘 다 똑같은 거 아닐까?'라며 쉽게 넘겼다. 하지만 내가 직접 이혼을 경험하고 나서야 타인을 쉽게 판단하지 않게 되었다. 모두가 각자의 최선을 선택할 뿐이며, 함부로 평가할 수 없다는 걸 깨달았다. 누군가의 선택에 대해 남이 평가하고 재단하는 것은 어쩌면 가혹한 폭력이 될 수도 있다.

내 보이스 피싱 피해는 코로나로 인해 기반이 마련되었고, 내가 믿었던 부동산 투자에서 비롯되었다.

부천시
원미경찰서

　나는 40여 년을 살면서 몇 번 경찰서에 갔다. 처음으로 갔던 기억이 가장 선명하다. 20여 년 전 20대 중반에 아들을 업고 엄마가 계신 경찰서에 갔었다. 대동맥박리로 쓰러졌다가 죽을 고비를 넘긴 엄마가 입이 비뚤어진 상태에서 먹고 살아보겠다고 포장마차를 할 때였다. 잘 모르고 미성년자 손님을 받았는데 주변 상가에서 신고가 들어왔고 엄마와 언니가 경찰서에 연행되었다. 과도한 벌금과 영업정지 행정 처분으로 가족들 모두가 곤란해졌었다. 결국 벌금을 낸 것은 나였다.

이후 경찰서를 몇 번 더 방문해야 했다. 보험 영업을 하면서, 나에게 금전적 사고를 일으키려던 사람이 오히려 나를 무고하게 신고해 조사를 받은 적이 있었다. 폭력으로부터 보호받기 위해 경찰서에 전화한 적도 있었다. 어떤 일이든 경찰과 연관되는 일은 유쾌한 일은 아니었다. 살면서 경험한 경찰관이나 경찰서는 좋은 추억이라고는 없었다. 2020년 경찰서에 가면서 바다 깊은 곳에 떨어진 듯 몸에 압박이 느껴졌다. 경찰 나으리를 만나러 가며 심호흡을 내뿜었다. 죄를 지은 것도 아니고 피해자로, 피해 사실에 대해 신고하러 가는 데도 숨이 가빠졌다.

부천 원미경찰서 주차장 입구로 들어서자 경찰서에 온 용무를 물어봤다. "어떻게 오셨습니까?" "보이스 피싱 신고하려고 왔습니다." "주차하고 다시 입구로 오세요." 나는 안내원의 별것 아닌 질문에 답을 하면서도 지적당한 학생처럼 주눅 들어 목소리가 작아졌다. 코로나 때문에 마스크는 필수고 어디든 건물로 들어가려면 절차가 필요했다. 체온 체크, 손 소독을 완료하고 검수원에게 확인 도장을 찍듯이 점검을 마친 후 안으로 들어갈 수 있었다. 다시 나온 관문에서 또다시 질문을 하는 사람을 만났다. 두 개의 관문을 통과하고 안내받은 사이버수사대라고 적힌 팻말에 시선을 고정하고 발을 움직였다.

안내받은 자리에 가서 담당 형사님과 대면했다. 형사님 얼굴은 온화해 보였지만 나는 긴장을 늦출 수 없었다. 그간의 상황을 설명했다. "증빙 서류를 모두 주세요." "네? 어떤 서류가 필요해요?" "보이스 피싱 사고에 관한 내용을 주세요." N 은행 직원과 나눈 문자 메시지를 보여드리고 캡처한 것도 문자로 보내드렸다. "통신사 대리점에서 서류는 받아오셨나요?" 대리점에서 신고만 했을 뿐 받은 게 없었다.

형사님께 필요한 서류 명세를 듣고 받아 적었다. 휴대 전화 신청 서류, 사용 명세서, 통화 기록 등 보완해야 할 서류가 많았다. "서류 가지고 다시 오세요." 한숨을 내쉬며 뒤돌아 나왔던 핸드폰 대리점에 다시 가서 핸드폰 발급과 사용 요금 명세 등 통신 관련 서류 일체를 발급받았다. 서류를 몇 번 더 체크하고 다시 경찰서로 향했다. 어느새 11시 50분이 되었다. 경찰서에 주차하고 반복해서 방문증을 썼다.

경찰분들 모두 식사 시간이란 말에 주차해 놓은 자동차에 들어가서 앉아 있었다. 차 안에 뜨거운 햇살이 들어와 얼굴에 레이저가 쏘이듯 따끔한 통증이 느껴졌다. '점심을 간단하게라도 먹을까?'라는 생각이 들었지만 그만뒀다. 밥 생각은 없었다. 점심시간이 끝나려면 한참 기다려야 했다. 차를 두고 주차장을 걸어 나와서 경찰서 맞은편 번화가 쪽으로 향했다.

커피숍에 들어가서 카페라테를 시켰다. 자리에 앉아 서류를 한 번 더 점검했다. N 은행 직원이라고 서류를 보내준 보이스 피싱범과의 통화 목록도 캡처했다. 당시를 떠올리며 놓친 게 있는지 기억을 더듬었다. 핸드폰 발급 기록을 보았다. 범인이 범행 도구에 사용한 핸드폰을 받은 주소지가 부산으로 되어 있었다. 평소 같으면 스마트폰을 자주 봤을 텐데 마음의 여유가 없어서인지 핸드폰에 손이 가지 않았다. 반복해서 서류를 살피고 핸드폰에 표시된 시간이 13시가 되기만을 기다렸다. 내가 평소 사랑하는 카페라테를 마셨지만 에스프레소를 마신 것처럼 입안이 온통 쓴맛으로 가득 찼다.

경찰서에 다시 갔다. 두 번째로 형사님과 대면하니 처음보다는 말하는 게 쉬웠다. 피해자로 방문한 경찰서인데도 왠지 위엄이 느껴져서 찹쌀떡을 연신 욱여넣은 것처럼 속이 불편했다. 수사관님의 우호적인 태도에 여기도 '사람이 일하는 곳이구나.'라고 생각할 수 있었다. 필요한 서류를 제출한 후 경찰서에서 할 일이 진행됐다. 테이블이 있는 편안한 장소에서 컴퓨터가 있는 자리로 옮겼다. 진술서를 작성한다며 질문이 시작됐다. 경찰분이 자판을 두드렸다. 처음 접촉부터 마지막 통화나 문자 내용까지 질문이 자세히 이어졌다.

모든 질문이 끝났는지 형사님이 서류를 내밀었다. "내용 읽어보세요." 여러 장의 서류에 경찰이 질문한 것과 내가 답한 것이 쓰여 있었다. 나는 진술서 내용을 최종적으로 확인하고 서명했다. 그리고 다시 한번 첨부 서류도 확인했다. "제가 할 일은 끝난 건가요?" "네, 수사가 진행될 겁니다." 수사 담당관님의 연락처를 저장하고 경찰서를 나왔다.

분실 신고한 신용 카드가
승인되다

나는 연체 정보, 은행연합회 등록에 대해 나름대로 잘 알고 있다. 핸드폰의 경우 기기값은 서울보증 보험 증권을 끊게 돼서 연체 정보가 공유되며 채무 불이행 정보가 등재된다. 즉 옛말로 하면 신용 불량 등재가 된다. 그러나 핸드폰 통신 요금은 연체 정보가 공유되지 않는다. 즉, 납부를 안 하면 민사는 진행되더라도 신용상 불이익은 없다. 그것을 알았기에 핸드폰 요금이 신용 카드에 추가로 청구되지 않도록 사고 접수한 것이다. 급하게 처리한 일이었지만 옳은 처신이었다.

나는 핸드폰 대리점에 방문해서 보이스 피싱범들이 소액 결제를 다수 진행한 것을 확인한 상태였다. 핸드폰 요금이 신용 카드에 청구된 금액도 있지만 아직 신용 카드에 미청구분도 상당액이 있었다. 문제는 첫 금액 300만 원이 신용 카드에 청구돼서 변제를 미룰 수 없다는 점이었다. 신용 카드 연체 시 바로 신용에 문제가 생기기 때문이다. 억울한 건 오롯이 내 몫이다. 보이스 피싱을 당했다고 신용 카드사에 신고했으나 소용없었다. 신용 카드사 상담 직원은 내가 개인 정보를 보내줬기 때문에 내 탓이라고 했다. 갚지 않으면 모든 불이익을 내가 당한다는 피드백을 들었다. 그래서 첫 청구 금액은 결제했고 즉시 신용 카드 분실 신고를 했다.

경찰서에 다녀오고 한 달 정도가 지났을 때 신용 카드 청구서가 두 번째로 이상하게 청구됐다. 두 번째는 400만 원 가까이 되는 청구 금액이었다. 말도 안 되는 상황에 신용 카드사에 전화를 걸었다. 새롭게 발급받은 카드에 보이스 피싱 건이 청구된 걸 확인했다. 신용 카드사의 정보가 노출된 것일까? 이건 도대체 어떻게 된 일이지? 어떻게 신규 발급받은 신용 카드에 이미 보이스 피싱에 이용된 핸드폰 요금이 보이스 피싱 신고 후에 청구된 건지 이해가 되지 않았다. 도청? 감시? 내 모든 일거수일투족이 보이스 피싱범에게 노출된 건 아닐까? 이해되지 않는 카드 청구서로 상상의 나래는 첩보영화 범주로 들어섰다.

나는 여러 차례 카드사에 문의했다. 상담원조차 처음에는 분실 신고한 카드가 왜 승인이 된 건지 이해하지 못해, 더욱 많은 설명이 필요했다. 결론은 이상하고 허무했다. 통신 요금 등 몇 가지 청구 요금은 신용 카드 분실 신고를 해도, 재발급하면 자동으로 청구가 승계된다는 게 그들의 설명이었다. 이게 무슨 말도 안 되는 일이지? 언제인지 기억도 없는 신규 카드 발급 시 서명하는 안내서에 이 같은 내용이 기재되어 있다고? 그런 걸 누가 다 읽어 보고 숙지하고 있단 말인가? 신용 카드사는 결과적으로 모든 독소 조항을 내가 숙지하지 못했기 때문에 전부 내 탓이라고 했다.

억울했다.

고객이 무슨 의도로 신용 카드 분실 신고 했다는 걸 신용 카드사 상담원은 몰랐던 걸까? 내가 원한 건 단순하고 명확했다. 보이스 피싱범에게 노출된 신용 카드에 더 이상 청구가 되면 안 된다는 것. 그것뿐이었다. 당연히 상담원도 알아들었을 것이다. 그런데도 상담원은 친절하게 재발급할 건지 물었다. 그래 놓고 모든 잘못은 나에게 있다고 했다.

개인 정보를 보낸 것은 분명히 나의 잘못이다. 이제 나도 충분히 안다. 그리고 신용 카드사의 깨알같이 기록된 모든 텍스트를 숙지하지 않은 것도 모두 내 탓이다. 재발급을 안내하고 내가 모르는 내용을, 나와 똑같이 모르고 있었던 신용 카드 상담원은 잘못이 전혀 없다. 받아들이려고 마음을 다독였지만 탄식하는 한숨과 반발심이 쿨럭거렸다.

첫 잘못은 나에게 있는 게 맞다. 그러나 분실 신고한 신용 카드에 청구된 것까지 내 잘못이라니 온 세상이 똘똘 뭉쳐 공격하는 것 같았다. 신용 카드사 상담원은 잘못이 없더라도 신용 카드 회사는 분명히 나에게 잘못했다. 보이스 피싱에 당한 나에게 신용 카드 재발급을 안내하면 안 됐다. 분실 신고 후, 해지만 하라고 해야 했다. 내가 먼저 재발급 요청을 한 것이 아니기에 신용 카드사는 분명한 가해자이다.

상담원이 재발급을 하라고 안내했다. 설혹 내가 재발급을 요청해도 상담사는 업무 프로세스를 숙지하고 나에게 올바른 안내를 해야 했다. 신용 카드 분실 신고를 해도 재발급 시엔 통신 요금 등은 연계되어 청구된다고 위험성을 알려 줘야 했다. 신용 카드사는 직원 교육을 확실하게 해야 했다.

아무리 양보하더라도 대기업이 개인을 상대로, 무지에 대해 책임 전가하는 것은 정말이지 너무 했다. 모든 게 내 탓이라는 말은 폭력 그 자체였다. 받아들이기 힘들었다. 신용 카드사는 업무를 주먹구구식으로 하면 안 된다. 대기업은 직원 교육도 안 하고 대기업 직원은 직업 윤리 의식도 없단 말인가? 그들의 치명적인 문제는 상담원들이 이 부분에 대해 분명히 알고 있는 사람이 극히 일부라는 점이다. 상담원의 무지로 인한 손해까지 내가 다 책임져야 하는 상황이 발생했다. 상담원과 보이스 피싱범들이 모두 한통속 같았다. 결과적으로 그렇게 됐다. 내 잘못은 어디까지일까? 개인 정보를 보내고 인증 번호 하나 보낸 것으로 감당하기엔 그 무게가 가혹하게만 느껴졌다. 나를 향한 가해자들이 늘어나고 있었다.

속상하고 고통스러웠다.

400만 원의 여윳돈이 없다는 것이 당면한 문제였다. 안 그래도 부동산 계약금과 중도금 때문에 모든 돈이 말랐다. 전달 청구된 300만 원 금액을 정리할 때도 주식을 손해 보고 처분했다. 부당함에 대해 신용 카드사에 여러 차례 민원을 넣었다. 금감원 민원도 넣었다. 그러나 별 이유 없이 거부당했다. 모든 사람이 그들만의 원칙만을 고수했다. 민원 상담사랑 통화하는데 말문이 막히고 가슴이 먹먹했다. 결국 신용 카드사 민원 담당자가 해당 카드 청구 분을 한 달 뒤로 유예해 주기로 했다. 언 발에 오줌 누기더라도 당장에 썩어들어 가는 발에 잠깐의 온기라도 불어넣어야 했다.

억울한
형사 소송

보이스 피싱을 당하고 6개월이 지났다. 나는 평범한 일상으로 하루를 채워나갔다. 화요일 오전, 느지막이 아침을 먹고 있는데 발신 번호가 지방으로 뜬 번호로 전화가 걸려 왔다.

"장하늘 씨 되시죠?"

"네."

"장하늘 씨가 사기죄로 고소가 됐습니다."

"하 참, 저기요, 이번엔 '경찰서'라는 보이스 피싱인가요?"

"경주경찰서 수사 담당 ○○○입니다. 보이스 피싱 아닙니다."

"저 지금 라면 먹고 있으니까 그럼 좀 있다 전화 주세요."

나는 '또 보이스 피싱인가? 참, 사기는 참 무섭다.'라고 생각하며 라면을 맛있게 먹었다.

경주경찰서 소속이라던 형사가 다시 전화했다. 보이스 피싱인 줄 알았는데, 통화를 하면서 알게 됐다. 그는 진짜 형사였다. 그리고 내가 형사 고소가 됐다는 말을 아주 친절하게 설명해 주었다. 경주 경찰관님은 수사한 내용을 설명해 주셨다. 그는 나와 통화하기 전부터 나도 피해자일 수 있겠다고 생각했다고 했다. 나를 고소한 곳은 H렌털업체였다. 고소 내용은 다른 죄도 아닌 바로 사기죄로 나를 형사 고소한 것이다. 원인은 가정용품 렌털을 하고 나서 단 한 번도 렌털 비용을 내지 않았다는 것이었다. 나는 나도 모르게 대한민국 경찰서에 사기죄를 저지른 사기꾼이 되어 있었다.

경찰은 렌털 받은 주소에 현장실사 한 내용을 알려 주었다. 나는 담당 수사관님의 설명을 경청했다. 보이스 피싱범은 경주의 다세대 집을 2개월 단기 임대했다. 그리고 렌털로 물건들을 받았다. 이후 빠르게 물품을 처분하고 바람처럼 사라졌다. 경주 건물 주인은 세입자 정보에 대해 모른다고 했고, 세입자 정보도 알아보니 피해자들이거나 제삼자라고 했다. 보이스 피싱범들은 조직이 크고 그 피해 내용도 적지 않다고 했다. 경찰은 이 같은 수법이 부산에서 이미 여러 차례 발생했고 수사 중 내 사건을 추가 발견하여 연락한 것이라고 했다.

처음 경찰과 통화할 때 경찰서라는 말에 또 다른 보이스 피싱 사기꾼인 줄 알고 우습고 가벼운 마음이었다. 오죽하면 라면 먹고 있으니 나중에 전화하라고 했겠는가? 나는 통화를 하면서도 그에 대한 의심의 끈을 잡고 있었다. 그러나 그는 친절하게 내가 당한 보이스 피싱범 수법을 자세히 설명해 주었다. 그의 상냥함으로 내가 사기당한 게 단순히 핸드폰 발급과 소액 결제, 신용 카드 결제에 국한된 게 아니라는 걸 알게 됐다. 6개월 전에 파악한 피해액은 뿌다구니에 지나지 않을지 모른다는 생각이 들었다. 그의 말을 들으며 신경이 곤두섰다. '렌털? 사기죄? 하~~~ 어. 떡. 하. 지?' 불안이 엄습했다.

"수사관님, 저 어떻게 해야 해요? 제가 사기라뇨? 그리고 피해 규모가 얼마라는 거죠? 제가 뭘 해야 하나요?"

수사관님은 내가 조사받기 편하도록 주소지 관할로 이첩해 주시겠다고 했다. 이 같은 배려는 범인에게는 있을 수 없는 일이라는 말도 해주었다. 내가 피해자인 것 같아서 이첩해 주겠다는 거였다. 며칠 후 나는 서대문 경찰서로 이첩된 걸 확인 후 경찰서로 갔다. 핸드폰 대리점에서 서류를 떼고 보이스 피싱 신고한 접수증도 챙겨서 갔다. 사기죄로 조사받았다. 서대문에서 만난 경찰관님도 친절하게 응대해 주셨다. 2주 후 사기죄는 무고로 결정됐다.

그러나 이게 끝일까? 나를 사기죄로 고소한 렌털 회사 한 곳이 피해 전부일까? 두려운 감정이 층층 구름이 되더니 응축된 수증기는 소나기가 되어 세차게 내 몸을 때렸다. 나는 보이스 피싱 사고 같은 사건도 많은 사람이 당하는 종류나 수준과 달랐다. 인증 번호를 보낸 작은 일은 어마어마한 산사태가 되어 돌아왔다. 현금이나 통장에 이미 보유하고 있는 일정 금액의 사고가 아닌 더럽게 꼬이는 사기 수법에 휘말린 것이다.

며칠 뒤 나는 서대문 경찰서로 다시 갔다. 앞으로 닥칠 쓰나미를 대처하고 싶었다. 렌털업체가 나에게 민사 소송을 넣을 수 없게 할 방법을 찾아보기 위해서였다. 집에만 있을 수 없었다. 할 수 있는 무엇이라도 해야 했다. 민원 상담하시는 경찰관님께 사건의 개요를 설명하고 렌털업체가 앞으로 나에게 어떠한 법적인 조치를 할 수 없도록 내가 먼저 무엇을 할 수 있는지 여쭈었다.

그러나 아. 무. 것. 도. 할 수 없다는 답변이 돌아왔다. 렌털업체도 피해자이기 때문에 그들이 법 조치를 하더라도 내가 할 수 있는 게 없다고 했다. 경찰관님은 그들을 상대로 내가 할 수 있는 건 한 가지도 없다며 힘주어 말했다. 조언을 부탁드렸지만, 경찰관님은 아무것도 해 줄 게 없다는 말만 반복했다. 경찰관님은 또다시 나의 잘못만을 지적했다. "개인 정보를 함부로 보낸 건 모두 개인 잘못이에요, 렌털업체는 선의의 피해자잖아요."

한 달의 시간이 훌쩍 지나갔다. 그러다 K은행 통장의 잔액이 없음을 확인했다. K은행은 내가 19살에 처음으로 발급받은 통장으로 25년 넘게 사용한 통장이다. 목덜미가 서늘해졌고, 손이 떨리는 가운데 통장 정리를 시작했다. 통장에 어지럽게 여러 숫자가 빼곡히

찍혀 있었다. 맙소사, 몇 개월 전부터 모르는 돈이 계속 빠져나가고 있는 게 확인됐다. 생소한 숫자, 생소한 출처가 표시되어 있었다. 만 원대, 2만 원대, 3만 원대 어지럽게 수개월 동안 찍힌 숫자를 확인 했다. 또다시 암흑. 암흑이 나를 빨아들인 건지, 어쩌면 처음부터 나 는 암흑이었는지 알 수 없었다. 블랙홀로 사라지는 나를 끄집어내 야 했다.

나는 우선 통장을 폐쇄했다. 그리고 집으로 돌아왔다. 통장에 찍 힌 해당 숫자와 글자로 회사들을 추적했다. 회사를 찾고 확인하는 데도 며칠이 걸렸다. H렌털사만 나를 사기죄로 고소한 건 H사의 결 제는 신용 카드로 돼 있었기 때문이었다. 내가 신용 카드를 즉각 분 실 신고를 해서 결재가 한 번도 안 됐기 때문이다. 어쩌면 너무나 당 연하게 렌털업체는 한 곳만이 아니었다. 내가 막연히 걱정했던 일이 결국 현실이 된 것이다. 다른 업체에서 나를 사기죄로 고소하지 않 은 건 렌털 금액이 차곡차곡 통장에서 나가고 있었기 때문이다.

렌털 내용, 업체를 전부 확인하는 과정도 여러 가지 난관이 있었 다. 가입자 정보가 내가 모르는 핸드폰 번호라서 나라는 주체가 가 입한 정보라는데도 그 실체를 찾는 게 쉽지 않았다. 어려운 고비를 넘으며 알게 된 금액은 렌털한 전자기기의 원금만 수천만 원 정도에 달했다. 그렇다면 렌털 회사에 갚아야 할 돈은 억이 넘는다는 걸 의 미했다. 렌털업체에 갚아야 하는 총금액은 렌털 기기값의 세 배 정 도의 금액으로 불어난다.

총피해 내용이 점차 모습을 드러냈다. 확인된 렌털업체 6곳, 핸드폰 사용료, 소액 결제, 핸드폰 기기값, 신용 카드 청구 금액. 보이스 피싱을 당하고 8개월이 지나서 그들이 나에게 속여 빼앗은 것이 확인됐다. 최초 신용 카드에 청구된 금액은 빙산의 일각이었다.

나는 스스로 살길을 마련해야 했다. 렌털업체도 분명한 피해자였다. 그러나 나는 피해자인 렌털업체를 상대로 나의 피해를 최대한 막아야 했다. 그러나 서대문 경찰서에서는 내가 할 수 있는 건, 없다는 답변이 다였다.

고민 끝에 처음 신고한 부천원미경찰서까지 1시간이 걸려서 도착했다. 첫 시작부터 다시 사고 피해에 대해 진술하기 위해서였다. 당시 피해 내용을 확장해서 신고했다. 처음 사고 기록지에는 단순히 핸드폰발급과 핸드폰 소액 결제 및 핸드폰 요금이 전부였다. 그것에 확장 사고로 렌털까지 보이스 피싱 피해액이 포함됐다.

인생을 건
민사 소송

핵무기급 공격은 당장 피해액에 국한되지 않았다.

보이스 피싱 파장이 커졌다. 가진 돈을 잃은 것으로 끝난 게 아니었다. 만약 당시 신용이 좋았다면 피해는 더 커졌을 것이다. 핸드폰으로 할 수 있는 게 많다는 걸 그제야 알았다. 금융권에서 신용 카드를 발급할 수도 있었다. 그리고 대출도 받을 수 있었다.

부정 발급된 핸드폰은 무시무시한 도구가 될 수 있다. 내 명의로된 핸드폰은 실시간 인증을 통해 나를 대신한다. 내 분신과도 같은 스마트폰이 범죄자에게 주어졌다. 내 손을 떠난 스마트폰은 순식간에 나를 무너트릴 수 있는 강력한 도구가 되었다. 보이스 피싱범들은 내가 보낸 인적 사항으로 나를 헤치는 스마트폰이라는 핵무기로 융단 폭격을 퍼부었다. 그런데도 나는 그 피해를 8개월이 지난 상태에서야 확인할 수 있었다.

'파산해야 할까?' 나는 모든 가능성을 열어놓기로 했다. 개인파산을 할 상황이 올 수도 있었다. 렌털업체가 민사 소송에서 이긴다면 나는 법적인 책임을 감수해야 한다. 형사 고소가 무고가 되자 곧바로 지급 명령으로 민사 소송이 들어왔다. 판결문이 결정되면 그 빚은 완전한 내 빚이 된다. 렌털업체가 집행권원을 얻게 되면 이후 절차는 부동산압류, 보증금압류, 통장압류, 급여 압류, 유체동산 압류 등 무엇이든 할 수 있는 살상 무기로 나를 초토화할 것이다. 판결문이 나오면 그때는 재산을 잃게 된다.

내가 쓰지도 않은 돈을 갚아야 하는 상황이 닥쳤다. 보이스 피싱으로 사기당한 돈을 이미 갚았다. 그런데 사기는 끝나지 않고 계속되고 있었다. 사기꾼이 벌여놓은 사고들로 빚까지 갚아야 한다. 얼굴을 부여잡았다. '정신 차리자, 포기하지 말자, 방법을 찾자, 방법을 못 찾으면, 살길이라도 찾자.' 고민 끝에 결심했다. '이대로 당할 수는 없어, 국가 신용 구제 제도를 이용해서라도 지켜야겠어.' 최악의 상황에도 나는 나만의 시나리오를 짰다.

만약 법으로 빚이 확정된다면 방법은 둘 중 하나다. 갚거나 안 갚거나. 나는 최악의 상황이 되면 화살을 맞지 않고 피하기로 마음먹었다. '결국 내가 갚아야 하는 빚이 된다면, 파산이라도 하겠어!'. 살다가 보면 억울한 일이 닥칠 수 있다. 그때 해결하는 방법은 한 가지만 있는 게 아니다. 내가 흥청망청 쓴 빚이 아니기 때문에 파산 신청을 했을 때 충분히 면책받을 수 있을 것 같았다.

마음을 먹었으니, 다음은 행동을 시작했다. 재산이 있으면 빚을 갚지 않을 수 없게 된다. 내 명의로 된 자산을 최대한 줄이기로 했다. 살던 집을 전세로 내놨다. 독립운동을 하는 것은 아니지만 결연한 의지마저 샘솟았다.

쓰러지고 넘어져도 나는 부활하기 위해 종잣돈을 마련하기 시작했다. 집을 내놓으면서 미뤘던 집수리도 했다. 싱크대를 깨끗하게 하려고 가구용 시트지를 사서 손수 수선했다. 내가 할 수 있는 건 직접하고 전문가에게 부탁할 건 맡겼다. 거실 바닥은 마루를 깔고, 도배도 했다. 수리비가 800만 원 정도 소요됐다.

수리된 집은 내가 봐도 좋아 보였다. 서울에 전세는 귀한 대접을 받는 물건이다. 깨끗한 집을 보고 전세 계약이 순식간에 진행됐다. 계약이 완료되는 잔금 지급일까지 나는 여러 가지 시나리오를 짜면서 빠르게 움직였다. 전세 보증금을 받아서 대출을 갚으면 1억 원 정도의 순자산이 생긴다. 이것이 내게 남은 유일한 도약의 발판이었다. 나는 모든 신경을 집중시켰다.

전 재산을 투자하는 것이기 때문에 위험은 최소화하기로 했다. 나는 내가 가장 잘 알고 오랜 기간 살펴본 부동산에 사활을 걸기로 했다. 신용은 파산하면 일정 기간 포기하더라도 앞으로 살려면 돈을 마련해야 했다. 가족들에게 상황을 이야기했다. 살아야겠으니 살길을 마련하도록 도와달라고 부탁했다. 엄마와 작은언니가 내가 내민 손을 잡아주었다.

부동산이 이미 많이 올랐다. 몇몇 지역만 보던 지역을 더 넓게 확장했다. 수개월째 눈팅만 하던 곳들을 발품 팔며 돌아다녔다. 덜 오른 지역을 살피고 있다가 지역이 파주까지 확장됐다. GTX 2023년 완공 예정, 교통이 준비된다면 매력적인 지역이라서 더 집중했다. 가격이 현저하게 저평가된 점도 마음에 들었다. 파주 지역을 며칠 동안 돌아다녔다. 그리고 집을 계약했다.

'인생은 예측 불허, 그리하여 생은 그 의미를 갖는다.'라고 하듯 내 인생에 '두둥~'이 반복됐다. 새옹지마의 인생은 위기와 기회를 함께 몰고 다닌다. 1억 원 정도의 돈을 숫자로 바라보며 상념에 젖었다. 20년 이상 돈을 벌었다. 그런데 결국 43살이 되도록 남은 돈은 순자산 1억이 전부였다. 돈이 내가 인식하지 못한 사이 안드로메다로 사라졌다. 돈 모을 때는 한푼 두푼 쌓이더니 잃어버리는 건 한순간이었다. 3년 동안 없어진 돈이 남은 돈보다 많았다.

후회되는 일들이 먼저 떠올랐다. 그리고 자책했다. 그러나 자책은 아무런 도움이 되지 않았다. 먼저 나는 내가 한없이 부족한 사람이라는 점을 인정했다. 그리고 그런 나를 있는 그대로 받아들였다. 다음은 앞으로 내가 할 일을 생각했다.

현실을 직시하기 위해 메모를 시작했다. 스스로 인생을 어떻게 살았는지 질문을 던지고 답을 적었다. 과거에 지나간 사건들, 내가 한 선택들, 감정, 희망, 꿈, 그리고 앞으로 어떻게 살 것인가? 질문하고 답하며 내가 어떤 상태인지 알 수 있었다. 결국 40대인 현재의 나는 행복한 상태임이 분명했다.

미성년일 때 나는 인생을 내 의지로 살 수 없었다. 20대가 돼서 내 의지로 살아왔다. 시행착오도 많았다. 29살까지는 마이너스 인생이었다. 30대에는 꽤 자산이 늘었다. 삼십 대 말에 벌인 일, 만난 사람, 투자는 뭔가 삐걱거렸다. 20년 동안 꾸준하게 늘었던 자산이 30대 후반에서 40대 초반까지 불과 5년 만에 2억 원 정도가 사라졌다. 자유의지로 선택했던 수많은 일들은 잘됐든 못됐든 결국 나의 결정이었다. 실패는 고통스러웠다. 그러나 고통은 나쁜 것만은 아니었다. 과거의 고난이 나를 단련한 건 뼈아프지만 고마운 일임이 분명하다.

나는 그냥 40대가 된 게 아니다. 무일푼을 넘어 마이너스 인생에서 플러스 인생을 만든 경험이란 자산을 가지고 40대가 되었다. 그리고 고맙게도 40대엔 망하고 사기를 당했어도 1억 원은 수중에 남아 있었다.

판례가 갖는
의미

    형사 소송이 무혐의 판결이 난 후 몇 개월 지났다. 그리고 우려했던 민사 소송이 진행됐다. 넋 놓고 있지 않고 사례를 열심히 찾았다. 변호사, 법무사님들에게 자문했다. 그들의 답변은 희망스럽지 않았다. 이전까지 법적인 사례로 나 같은 경우는 개인 정보 관리 소홀로 무조건 갚아야 한다고 했다.

    '이대로 포기할 것인가? 달걀로 바위를 치는 건 아닐까?' 고민이 됐다. 그러다 변호사 한 분과 이야기를 나누며 희망을 품었다. 그분은 당시 보이스 피싱 피해자들이 폭발적으로 많아져서 분위기가 바꾸고 있다는 말을 해주셨다. 그러나 안 갚아도 된다는 판례는 없다는 말씀도 해주셨다. 판례는 제2차 피해자들인 렌털업체가 승소한 판결만 있었다. 보이스 피해자인 사람이 승소한 건 단 한 건도 없었다. 나는 판례에 의존하지 않기로 했다. 렌털업체가 소홀했던 부분을 점검했다.

이의 제기 기간에 나름대로 준비한 내용으로 전자소송에 답변서를 작성했다. 쟁점은 렌털업체의 과실에 관한 점과 내가 피해자라는 점이었다. 판사님께 나의 경솔함과 부주의를 죄와 구분해 달라고 읍소했다. 나는 분명하게 과오를 저질렀다. 보이스 피싱범에게 내 개인 정보를 보냈다. 그러나 나의 실수로 내가 받는 형벌은 내가 감당할 수 없을 만큼 크고 무거웠다.

가장 큰 쟁점은 1차 피해뿐 아니라 2차 피해까지 모두 다 감당해야 하는 것은 가혹하다고 선처를 구하는 점이었다. 나는 개인 정보를 보낸 것이 경솔한 행동임을 뒤늦게 깨달았다고 말씀드렸다. 다만 실수를 고의와 구분해 달라고 부탁드렸다. 그리고 자연인인 나의 잘못과 실수만 있는지 또 다른 피해자인 렌털업체의 실수나 잘못은 전혀 없는 것인지 그들의 문제를 하나씩 짚어나갔다.

예를 들어 카카오뱅크는 온라인 은행임에도 개인 확인을 철저히 한다. 은행은 무언가 변경을 하거나 개인 확인이 필요할 경우 실시간 신분증과 얼굴을 확인한다. 그런데 렌털업체는 개인 확인 과정을 전혀 이행하지 않았다. 주민등록상 주소지가 서울로 되어 있는 사람이 경주에서 렌털한 물건을 받았는데 물건 받는 당사자가 본인인지 확인하지 않았다. 그리고 본인이 없다면 적어도 통화상이라도 신분증과 얼굴을 확인해야 하는데 그조차도 전혀 확인하지 않았다. 당연히 이건 아주 이상한 점으로 이러한 부분에 대해 렌털업체는 책임이 없는지 반문했다.

그들이 한 건 가입 절차가 전부였다. 렌털업체에 온라인 가입할 때 개인 확인을 위해 핸드폰으로 인증한 것이 개인 확인의 전부다. 렌털과 관련해서 렌털 시점과 렌털 물품이 설치될 때 개인 확인은 전혀 하지 않았다. 그들의 실책까지 내가 다 감수해야 하는 것인지 판사님께 호소했다. 전자소송 절차로 내가 이의 제기하고 며칠이 지나 상대방도 이의 제기했다. 그리고 다시 나는 답변서를 작성하기 위해 자료를 찾았다.

민사 소송이 길어졌다. 그 기간 나는 나름의 살길을 마련하고 있었다. 법에 무지한 나는 법을 찾고 또 찾았다. 내가 이의 제기했더니 상대방 측인 렌털업체도 본격적으로 반격했다. 그들의 논리는 단순했다. 개인 정보 법을 제시하며 개인 정보 노출의 책임이 나라는 것을 강조했다. 그러니 내 실수를 책임지지고 돈을 갚아야 한다는 것이었다.

당시 내가 발견한 렌털업체는 여섯 곳, 피해 금액 수천만 원은 단순히 물품기기의 원금이었다. 렌털업체의 채권 금액으로는 1억 원이 넘는 금액이었다. 1억 원이 넘는 금액을 갚아야 할 상황에 나는 숨이 막히는 것 같았다. 렌털업체는 제2차 피해업체였다. 그밖에 은행, 신용 카드, 핸드폰 요금도 이후에 나에게 소송이 들어올 수 있는 채무금이었다. 핸드폰 기기값은 이미 서울보증 보험으로 넘어가서 나에게 연락이 왔었다. 보이스 피싱을 인지했을 때 나는 모든 업체에 내용증명을 보냈다. 그러나 그건 임시방편일 뿐이었다. 형사 소송과 민사 소송이 들어온 최초로 법 조치를 한 렌털업체 H사, 그 첫 소송이 이 모든 사건을 해결하는 실마리로 가장 중요했다. 단 한 건의 소송 결과가 모든 걸 결정할 수 있는 키가 되기 때문이다.

소송 진행 중 사례, 즉 판례를 계속 찾아봤다. 그러나 나 같은 피해자가 제삼자에게 승소한 경우는 어디에서도 찾지 못했다. 그래도 희망의 끈을 부여잡고 있었다. 내겐 희망밖에는 잡을 것이 아무것도 없었다. 그다음으로 자주 찾아본 내용이 보이스 피싱 피해사례이다. 직접적인 사례뿐 아니라 제2, 제3의 피해로 고통을 겪는 사례를 찾아서 메모했다. 뉴스도 꼼꼼히 찾아보고 있었다. 계속해서 보이스 피해사례가 늘고 있어 사회적인 문제로 대두되고 있었다.

판결을 기다렸다. 그런데 판사는 또 한 번의 답변서를 요구했다. 답변서의 내용을 쓰기 이전에 변호사님께 다시 한번 확인을 부탁드렸다. 내가 저지른 착오와 렌털업체의 운영상 허점, 그리고 기업이 보이스 피싱 예방에 보다 적극적으로 나서길 바라는 마음도 함께 기록했다. 보이스 피싱 피해자들이 극단적인 선택을 하는 사례도 기록했다. 그리고 짧지만 내가 살아온 인생에 관한 내용도 기록했다. 그

다음은 판사님께 부탁의 말씀을, 신에게 도움을 요청하는 편지를 쓰는 마음으로 답변서를 작성했다.

나는 법적인 지식이 현저히 부족하다. 당연히 나의 답변서와 이의 제기는 어설펐다. 법의 용어를 잘 활용하지도 못했다. 그러나 이의 제기서와 답변서 작성에 진심으로 임했다. 존경하는 재판장님께 나의 억울함과 부족함이 단죄나 처벌로 그치지 않고 회생의 길을 열어 주십사 부탁드렸다. 보이스 피싱을 당하고 2년 넘게 긴 여정을 보냈다. 그리고 마지막으로 결론이 내려졌다.

렌털업체 측에서 소송을 취하했다. 판결 결과가 남는다면 이건 그들에게 아주 곤란한 상황이 되기 때문이다. 하나의 판례가 남게 되면 그들은 나 같은 피해자에게 민사 소송에 계속 질 수도 있는 길을 열게 된다. 그래서 원고는 피고인 나를 소송 취하하며 사건을 키우지 않고 끝내버렸다. 그들은 끝까지 똑똑하다. 그들을 상대로 우매한 나는 나 혼자만 구원받았다.

공공의 구원이 안 된 것이 안타깝다. 판례가 남았다면 나 같은 피해자들에게 희망의 빛이 되었을 텐데 말이다. 판결 결과를 받고 나서 승리감과 안도감이 섞인 큰 숨이 탄식처럼 뱉어졌다. 드디어 큰 산을 하나 넘었다. 굽이굽이 험난했던 여정이었다.

이후 다른 렌털업체 쪽에 전화했고 각각 내용증명도 보냈다. 같은 사건으로 한 업체가 소송 취하를 했으니 타 렌털업체도 이후 본 사건은 면책해 달라고 요구했다. 단순히 통화와 문자로 해결되는 곳도 있었고 서류를 우편으로 보내달라는 곳도 있었다.

소송 취하로 마무리가 된 후 서울보증 보험에 핸드폰 기기값을 갚았다. 50만 원도 안 되는 기기값 채무 때문에 연체 정보가 공유됐었다. 소위 신용불량 등재가 됐다. 그러나 그걸 소송이 진행 중일 때는 갚을 수 없었다. 한 건 한 건 내가 갚다 보면 그 모든 채무를 다 갚아야 할 상황이 될 수도 있었기 때문이다.

신용과 관련된 신용 카드 대금, 핸드폰 기기값은 모두 갚았다. 경찰서에 문의하니 그 모든 돈을 받으려면 보이스 피싱 사기범들이 잡혀야 한다는 답변을 들었다. '아~ 이제 형사, 보이스 피싱범을 잡는 경찰 역할이라도 해야 하나?' 웃프지만 법과 질서 형사 소송, 민사 소송 아무것도 모르던 내가 보이스 피싱으로 하나씩 배워가는 시간이 되었다. 그러나 이렇게 알아가는 건 살면서 없었으면 하는 바람을 했다.

마무리된 게 맞지만 모든 게 끝난 게 아니다. 채권은 특징상 위임 혹은 채권을 사고팔게 된다. 그렇게 되면 채권자가 바뀐다. 채권을 팔 때 이전 채권자는 채권 수임 회사나 채권 매각 회사에 모든 정보가 다 가는 것이 아니기 때문에 채권자가 바뀔 때마다 우편물이 오고 법 조치, 신용상 불이익을 준다는 문자가 오기도 한다. 이럴 땐 인내심을 가지고 바뀐 채권자에게 전화해서 설명하거나 서류를 보내야 한다.

☑ 또 다른 보이스 피싱의 유형

① **대출 빙자형:** 저금리 대출을 제안하며 개인 정보 요구. 금융 기관은 전화로 대출을 권유하지 않으니 직접 확인이 필요하다.

② **사칭형:** 검찰이나 금융감독원 사칭. 위협적인 언사로 돈을 요구하니, 반드시 해당 기관에 직접 확인해야 한다.

③ **메신저 피싱형:** 가족이나 지인을 사칭해 금전 요구. 메시지를 받으면 꼭 확인한다.

④ **스미싱:** 악성 코드가 포함된 문자로 개인 정보 탈취. 의심스러운 링크는 클릭하지 말고 삭제한다.

⑤ **몸캠 피싱:** 영상 채팅을 통해 협박. 음란행위 유도 시 즉시 종료하고 신고한다.

⑥ **자녀 납치형:** 자녀가 납치되었다고 속여 돈을 요구. 자녀의 안전을 먼저 확인한다.

⑦ **신용 카드 도용형:** 카드 정보 입력을 유도. 신용 카드 관련 전화는 항상 의심해 본다.

⑧ **대학 입시 사기형:** 합격 통지서로 등록금 요구. 공식 경로로 확인 후 행동한다.

⑨ **세금 환급형:** 세금 환급을 빙자해 개인 정보 요구. 정부 기관은 전화로 정보를 요구하지 않는다.

⑩ **우편물 반송형:** 반송된 우편물로 개인 정보 요구. 의심스러운 요청은 무조건 확인한다.

⑪ **보험 사기형:** 보험금 청구를 빙자해 개인 정보 요구. 보험사에 직접 확인한다.

⑫ **경품 당첨형**: 경품 당첨을 알리며 송금 요구. 의심스러운 경품은 무시한다.

⑬ **택배 미수령형**: 택배 미수령을 이유로 개인 정보 요구. 택배사에 직접 확인한다.

⑭ **해외 송금형**: 해외에서 돈을 보내주겠다고 하며 송금 요구. 절대 응하지 않는다.

⑮ **가짜 앱 다운로드형**: 금융 관련 앱을 다운로드하라고 유도. 공식 앱스토어에서만 다운로드한다.

⑯ **가족 사칭형**: 가족의 긴급 상황을 빙자해 돈 요구. 가족에게 직접 확인한다.

⑰ **부동산 거래형**: 부동산 거래를 빙자해 계약금 요구. 계약 전 반드시 확인한다.

⑱ **전기세 미납형**: 전기세 미납을 이유로 송금 요구. 전기회사에 직접 확인한다.

⑲ **의료비 환급형**: 의료비 환급을 빙자해 개인 정보 요구. 의료기관에 직접 확인한다.

⑳ **기부 요청형**: 가짜 단체를 사칭해 기부금 요구. 공식 경로로 확인 후 기부한다.

※ 전화를 받거나 혹은 무언가를 클릭한 것만으로도 자신의 핸드폰은 해킹됐을 수 있으니 확인할 때는 일반 전화기나 제삼자의 핸드폰으로 검색하거나 전화해서 확인하는 게 좋다.

3

빚과 가족

돈복과
가족

　나이 40이 넘어가다 보니 2, 30대에 어떻게 살았는지에 따라 40 대부터 삶이 변하는 게 느껴졌다. 나뿐 아니라 주위 친구, 지인들만 봐도 마찬가지였다. 20대 중반까지 부모 슬하에서는 확연하게 차이 가 났었다. 그러나 결혼 후 부모의 도움을 받은 사람이 40대에도 반 드시 성공하는 것은 아니었다. 어릴 때는 출발점부터 다른 사람들과 나 자신을 비교하며 한탄한 때도 있다. 그러나 성인이 되어 20년 이 상 살다 보니 시작점이 달랐던 사람들과 비교해도 삶이 오십보백보 라는 생각이 들었다.

돈이 많은 사람들을 흔히 돈복이 있다고 표현한다. 그렇다면 돈복이 있는 사람은 어떤 사람일까? 돈을 잘 버는 사람일까, 아니면 돈을 잘 쓰는 사람일까? 쉽게 답하기 어려운 문제다.

그저 내 생각을 정리해 본다. 돈복이 있다는 건 결국 돈이 내게 머물고 점점 불어나는 것이 아닐까? 나를 통해 움직인 돈의 흐름을 한번 생각해 봤다. 내가 겪은 돈은 어디에서 왔고 어디로 갔지? 나는 보통 회사에 다니며 노동 수입으로 돈을 벌었다. 큰돈은 아니지만 꾸준하게 벌었기 때문에 계산해 보니 적은 돈은 아니다. 돈을 번 수단이 노동이거나 투자거나 모두 다 번 돈이다. 번 돈을 모두 계산해서 적어 봤다. 현재 순자산으로 남아 있는 돈과 비교하니 차액이 크다. 내가 번 돈의 대부분은 어디로 갔을까? 소비로 없애 버렸나? 투자로 날려버렸나? 내게 머물고 불어났다면 얼마까지 늘릴 수 있었을까?

다시 돈복은 어디에 초점을 맞춰야 하는 걸까? 돈을 잘 버는 사람일까? 돈을 잘 쓰는 사람일까? 돈을 벌지 않아도 쓰는 사람이 누구냐고? 그런 사람은 우리 주변만 봐도 무수히 많다. 특히 미성년 자녀들은 성년이 되기 전까지는 소비만 줄곧 하는 경우가 태반이다. 내 생각에 돈복이 있는 사람은 돈을 잘 버는 사람이 아닌 것 같다. 돈에 구애받지 않고 돈을 편안하게 쓸 수 있는 사람이 돈복이 있는 사람이라고 생각한다.

돈으로 할 수 있는 것을 생각해 본다. 돈만 있으면 행복할까? 딱히 그렇다고 할 순 없다. 돈으로도 안 되는 건 아주 많다. 돈은 충분조건이 되지 못한다. 그러나 우리 삶에 돈은 필요조건인 경우가 아주 많다. '가난이 대문으로 들어오면 사랑이 창문 밖으로 도망간다.'라는 말이 있다. 돈으로 사랑을 살 수는 없다. 그러나 돈으로 마음을 표현하는 길은 많기도 하다. 돈이 인간사에 중요한 역할을 한다는 걸 부정할 수 없다.

나는 돈복이 있는 사람이다. 내가 찾은 나만의 비법도 있다. 비법이라고 했지만 어렵지 않다. 이것만 기억하면 된다. 돈은 강물처럼 흐른다. 어느 날은 거센 물살이 되어 휩쓸고 가고, 어느 날은 잔잔히 내 곁에 머문다. 중요한 것은, 그 흐름 속에서 어떻게 내 몫의 물길을 만들어 가느냐 하는 것이다.

내가 얻은 답은 이렇다. 돈을 좋아하고, 키운다. 이게 전부다. 돈을 좋아하면 돈을 쓸 때 기쁘고 가치 있게 쓰려고 노력한다. 돈이 생물이라는 말이 있다. 돈에 감정이 있다는 말도 있다. "난 늘 돈이 없어."라고 말하는 사람에게 돈은 등을 돌린다. 돈이 싫다고 말하는 사람에게 돈이 머물 수 없지 않겠는가? 그렇다고 무작정 돈을 좇는 사람이 되면 돈은 한순간에 도망친다. 집착과 관심은 엄연히 다르다. 더 자세하게 알고 싶다면 돈과 관련된 책은 많다. 책을 읽고 실천해 보는 것도 추천한다.

가족은 수입과 지출을 공유하게 되는 경우가 많다. 그러므로 빚을 지느냐 저축하느냐는 가족 모두의 합치된 생각, 생활방식에 따라 달라진다.

나는 나 자신과 가족을 사랑하며, 함께 잘 살기 위해 돈을 번다. 특별한 재능이나 뛰어난 사업 수완이 없는 내가 한 집안의 가장으로 오랜 시간 버텨왔다. 그동안 돈, 가족, 인간관계 어느 것 하나 쉽지 않았다.

한때는 돈과 가족 중 하나를 선택해야 한다고 생각했지만, 그것은 오판이었다. 가족을 사랑하는 이상, 가족은 선택의 대상이 될 수 없다. 오히려 보살필 가족이 있기에 내가 더 성장할 수 있었다는 걸 이제야 깨닫는다.

이번 장에서는 내가 성인이 되어 돈을 벌어온 25년의 기록을 담았다. 시행착오도 많았고, 해답을 찾기 위한 과정도 기록했다. 어쩌면 이 책은 나만의 오답 노트일지도 모른다. 같은 잘못을 반복하지 않기 위해, 글로 남기며 다시 한번 내 마음에 새긴다.

신용
대출

"탕~" 총소리가 울렸다. 아버지가 뛰었고, 나도 그 뒤를 따라 달렸다. 아버지는 멈춰서 무언가를 들어 올렸다. 아버지의 손에 나는 시선이 멈췄다. 총에 맞은 물체는 축 늘어져서 인형처럼 보였다. 햇빛이 강해서인지 빛깔이 선명해 보였다. 형형색색으로 덮인 깃털이 있는 새였다. 전체의 빛깔이 다채로운 것과 대비되는 눈깔이, 어렸던 내 시선을 사로잡았다. 어린 시절 먹었던 까마중 열매처럼 새까맣고 동그란 눈알이 나를 마주 본 듯 번득였다. 더는 날지 못하는 꿩이 눈을 부릅뜬 채 자루에 담겼다. 당시 6살이었던 나는 추위도 잊고 청량한 공기를 느끼며 새하얀 눈에 발자국을 남겼다. 장갑을 끼고 모자도 썼지만, 코가 얼고 볼이 바람에 쓸려 얼굴이 온통 빨개졌다. 그날 눈 덮인 산은 완전히 다른 세상이었다. 나무들은 뽀송한 겨울 옷을 입고 패션쇼를 하는 듯 곧게 뻗어 있었다.

1996년, 20살 회사에 들어간 지 불과 몇 개월이 지났을 때다. 아침 6시 20분에 부천 집에서 나와야 안양에 있는 회사에 9시 전에 도착했다. 오후 6시가 되면 일을 멈추고 대학교로 뛰어갔다. 수업 시작이 오후 6시부터라서 1교시는 매번 지각이었다. 수업을 마치면 다시 지하철로 뛰었다. 잠시 잠깐 딴짓하면 마지막 차를 놓치게 된다. 부천역에 내리면 다시 버스를 타고 집으로 와야 했다. 버스 막차를 지키려면 이동하는 발걸음에 여유 따위는 없었다. 주말은 주중에 밀린 회사 업무를 위해 부천에서 안양으로 향했다. 공부하고 싶어서 야간 대학교에 다니고 있었지만 공부가 목적인지 체력 단련이 목적인지 구분이 안 되는 생활이었다.

중학생 때부터 시작된 아빠의 투병 기간은 5년이 넘어가고 있었다. 아버지는 폐색성 폐 질환과 심장판막증을 진단받은 중증 환자였다. 약해진 신체에 또 다른 합병증이 찾아왔다. 1990년대에는 생소했던 대상포진은 앙상하게 말라가는 아버지를 고통에 몸부림치게 했다. 현재는 약으로 쉽게 치료되는 병증이지만, 당시엔 치료 약이 없어서 아버지는 살이 타들어 가는 고통을 이빨로 부숴버릴 수 있다는 듯이 통증을 짓이기며 인중에 십 일자를 세기며 부들부들 떨었다.

5월의 봄날, 자정이 거의 다 돼서 집에 도착했는데 집에 아무도 없었다. 아버지는 가끔 병증이 심해지면 구급차를 타고 응급실에 갔고 며칠 동안 치료받곤 했다. 이전과 같은 일상인 줄 알았는데 그날은 분위기가 심각했다. '큰일이 났구나!' 가슴이 두근거렸다. 그런데 실상을 알고 나서 나는 그야말로 충격을 받았다. 병증이 심각해지면서 날로 심해지는 통증으로 고통스러웠던 아버지가 총을 쏘았다. 꿩이 아닌 자기 자신을 말이다.

내 인생이 서부 영화도 아니고 내 땅이 미국도 아닌데 아빠가 집에서 무려 총을 쏘았다. 사냥총은 총구가 길고 스스로 자신 몸을 쏘기에는 부적절한 도구다. 조준이 비켜났고 총알은 앙상하게 말랐지만, 복수가 차서 배만 불쑥 나와 있는 아버지의 배를 관통했다. 사냥총으로 아버지는 병환을 쏘아 사라지게 하려고 했을까? 아니면 아픈 자신을 죽여 없애려고 했을까? 아버지가 무엇을 원했는지 모르지만, 아버지는 뜻을 이루지 못했다. 아버지가 벌인 그날의 처절한 몸부림은 무지막지하게 많은 병원비만 낳았을 뿐이다.

총기 사고? 자살 시도? 고의성 때문인지 총기라는 점 때문인지 의료 보험조차 적용이 안 돼서 치료비가 2천만 원이 넘게 나왔다고 전해 들었다. 1996년에 2천만 원은 현재의 2천만 원과는 당연하게도 다른 가치였다. 돈 마련을 해야 하는 주체는 우리 집의 막내인 내가 당첨됐다.

사고는 1996년에 일어났다. 당시에는 은행에 저축만 하더라도 이자가 연 10퍼센트 정도 될 때다. 돈 빌리는 게 지금보다 더 어려웠다. 그런데 엄마는 나에게 돈을 구해 오라고 했다. 내가 명색이 대기업에 다니는 사람이었기 때문이다. 대출될 곳은 한 곳뿐이었다. 다행인지 불행인지 나는 만 20살이 안 되었지만, 대기업을 다닌다는 이유로 사내 신용 대출이 가능했다.

회사 내에 대출 제도는 두 가지였다. 한 가지는 연 1%짜리 이자, 한 가지는 연 15%짜리 이자 대출이었다. 연 1%짜리 이자는 은행 예금 이자보다 저렴해서 직원들에게는 꿀 같은 큰 혜택이었다. 다만 특혜를 받으려면 반드시 기혼자라는 신분이어야 했다. 나는 그때 아무하고라도 결혼하고 싶다는 충동을 느꼈다. 그러나 그런 대상을 찾을 시간적 여유가 없었다. 병원비를 안 내면 아버지는 병원에 볼모가 되어 퇴원이 허락되지 않는다. 병원비만큼 대출을 받았다. 나에게 빚이 생겼다. 아버지는 집으로 무사히 돌아오셨다.

대출을 받은 후 급여일이 다가왔다. 하지만 원천징수된 대출 이자를 제외하고 받은 급여는 초라할 정도로 적었다. 더구나 당시 야간대학교 등록금도 작은언니가 신용 카드로 마련한 돈을 변통해 주었기에 6개월 동안 나눠서 갚아나가고 있었다. 회사에서 받은 대출금 2천만 원 중 원금은 1원도 갚지 못하고 이자만 냈다. 대출 전에 실제 급여는 80만 원 정도였다. 대출 후 월급을 받았지만, 이자와 등록금 할부금을 내고 나면 용돈 정도만 남았다. 월급날 엄마에게 돈을 드릴 수 없게 되었다.

대학교 2학기가 다가왔다. 등록금 낼 생각에 머리가 아팠다. 그즈음 생에 처음으로 사귄 남자 친구와 헤어졌다. 나는 결국 공부에 대한 열망을 뒤로한 채 휴학계를 냈다. 대학교 정문에 있던 높은 계단을 내려오며 5개월 동안 보낸 학교생활이 주마등처럼 지나갔다. 마지막 계단을 내려오면서 나와는 다른 고민을 하는 학교 친구들의 표정도 떠올랐다. 과친구들의 철없는 고뇌가 한없이 부러웠다. 복잡한 내 마음과 달리 날씨는 청량했고 하늘은 예뻤다. 크게 심호흡했다. '앞으로는 회사에서 눈치 볼일이 없겠구나.'라고 생각했고 배움에 대한 아쉬운 마음을 훌훌 털어냈다.

다음 날 출근하는데 발걸음이 가벼웠다. 회사에서 내 몫의 일을 잘하고 인정받으며 다니겠다고 결심했다. 업무 능력을 키우며 1년이 지났다.

명퇴 그리고 사채

    1997년 뜨거웠던 여름, 작은언니에게서 전화가 왔다. 잠시 멍해진 후, 간단한 용건만 듣고 전화를 끊었다. 그때 나는 집에서 기거할 때가 아니다. 집안 사정으로 인해 다시 집에서 나온 상태였다. 당시엔 친구 심이 있는 집에서 출퇴근하고 있었고, 제헌절이라 심과 나는 집에서 한가하게 쉬고 있었다. 평소엔 주말에만 집에 들르곤 했기 때문이다. "나 집에 가야 해."라며 가방을 메고 문밖으로 나서자, 심이 눈빛으로 이유를 물었다. "아버지가 돌아가셨대." 그 말만 하고 나는 언덕 위에 자리 잡은 심의 집을 뒤로 하고, 부천역으로 내달렸다.

문으로 들어서는데 울음소리가 들렸다. 나는 아버지가 누워 계셨던 안방으로 발걸음을 옮겼다. 좁은 현관에서 방까지의 거리는 짧았지만, 몇 걸음이 마치 슬로 모션처럼 느껴졌다. 문을 열고 들어서자, 산소호흡기에 연결된 콧줄이 벗겨진 아버지의 모습이 눈에 들어왔다. 최근까지는 항상 콧줄을 착용하신 아버지가, 오랜만에 콧줄 없이 누워 계신 모습이었다. 나는 천천히 아버지 곁에 다가가 조심스레 손을 내밀어 만져보았다. 한여름, 35도를 넘는 더위에도 불구하고, 아버지의 손은 마치 에어컨에 오래 노출된 듯 차갑게 식어 있었다. 방안에는 오래된 선풍기가 틀어져 있었을 뿐이다. "아부지, 막내딸 왔어." 얼굴을 만졌다. 손에서 느껴진 냉기와 다른 얼굴에서 전해지는 한기에 눈물이 쏟아졌다. "아부지, 눈 좀 떠봐." 아버지의 눈과 입은 굳게 닫혀 있었다. 차갑게 굳어져 있는 아버지가 마치 부서질 듯 말라 있었다.

우리 식구들은 제각각 슬픔, 자책에 빠져 있었다. 몇몇 친지들이 오셔서 분주하게 움직였다. 아버지의 장례식은 집에서 치러졌다. 집 밖에 상조를 알리는 전등이 걸렸다. 집안은 좁아 집 밖에 돗자리가 깔렸다. 조문객들이 이따금 오셨지만 초라할 정도로 적게 오셨다. 우리집의 막내인 내 조문객이 가장 많았다. 내가 근무하는 장소인 영업소에 직원분들이 오셨고, 소속된 지점과 본부에서도 조문객으로 와주셨다. 그리고 내 친구들과 PC통신 모임 분들도 찾아주셨다. 아버지의 생신 때마다 오시던 직원분들 300명은 거의 오지 않았다.

아버지의 오랜 투병은 아버지의 죽음으로 마침표를 찍었다.

97년 겨울, 안양지점 내 여직원 중 나 혼자만 부천에서 원거리 출퇴근하고 있었다. 출퇴근 시간이 아까워서 부천이나 인천으로 발령이 나기를 기다렸다. 그러다 용기를 내서 인사과 선배님께 메일을 보냈다. 인사과 선배님은 내가 대학교를 다시 다닐 것 같아서 발령을 안 낸 것이라고 설명해 주셨다. 나는 현실적으로 대학은 포기했다고 말씀드렸다. 이후 선배님은 나를 부천으로 발령을 내주셨다.

부천에서의 총무 생활은 일에 성취감도 느끼고 인정받으며 지냈다. 즐겁고 재밌는 1년이 좋은 인연을 맺는 시간으로 채워졌다. 그러나 빚은 2천만 이상인 원금이 그대로 남아 있었다. 1998년 직장에서 명퇴 붐이 일어났다. 명퇴는 IMF 이후 꾸준하게 지속됐다. 그러나 나는 대상자도 아닐뿐더러 대출금 때문에 명퇴할 상황이 아니었다. 계속되는 인원 감축에 명퇴 보상금이 점차 늘어났다. 그런데도 대출 원금을 갚기에는 부족했다.

빚은 오랜 시간 동안 내 몸 위에서 무겁게 짓누르는 바위로 인식됐다. 답답한 마음은 자유를 꿈꾸는 마음을 키웠다. IMF의 위기의식으로 명예퇴직 조건이 더 좋아졌다. 퇴직금과 보상금이 더 올라갔다. 1천500만 원 정도 되는 돈이라 1년 치 연봉에 가까워졌다. 보상금이 늘었지만, 대출금을 갚기에는 돈이 부족했다.

그때 엄마와 상의했다. 그런데 감사하게도 엄마가 부족한 돈 500만 원을 마련해 주신다고 했다. 희망의 불빛은 커지고 자유를 꿈꾸며 마음이 달뜨기 시작했다. 빚의 굴레에서 벗어날 수 있겠다는 희망이 환호성이 되어 마음에서 아우성쳤다. 회사로 가는 길이 꽃길 같았다. 이미 마감된 명단에 혹시라도 내 이름을 넣을 수 있을까? 하며 장문의 사내 메일을 인사 담당 선배님께 보냈다. 며칠 후 선배님이 답장을 주셨다. 명예퇴직 신청서에 이름을 올려주시겠다는 내용이었다. 선배님은 아버지의 장례식에도 오셨던 분으로 입사에서 퇴사까지 내내 나에게 큰 은인이셨다.

행운이 겹치고 인생에 탄탄대로가 깔리는 기분이었다. 명퇴가 확정되고 퇴직했다. 그리고 명퇴 보상금이 나오자 즉각 대출 빚을 갚았다. 그런데 마지막에 철석같이 믿고 있던 엄마가 돌연 돈이 없다고 했다. 이미 퇴직했는데 대출금 잔액이 남게 된 것이다. 퇴직과 동시에 갚아야 하는 대출금을 못 갚자 연체 정보가 등록됐다. 3개월 후에는 신용불량자가 될 차례였다. 연체가 뜬 후에야 방법을 모색하기 위해 뛰어다녔다. 그러나 퇴직자에게 대출은 요원했다. 모아놓은 돈도 없었다.

마지막 보루였던 우리 사주까지 처분했다. 3년 후 우리 사주는 10배 이상 올랐다. 당시 우리 사주는 IMF 여파로 전부 처분해도 200만 원 정도였다. 모든 것을 탈탈 털어 해결해도 빚이 300만 원이 남아 있었다. 신용불량 등재가 된다는 문자가 왔고, 대출금 독촉 전화가 왔다.

엄마는 왜 500만 원을 준다고 말했을까?. 처음부터 안 된다고 했으면 다른 방법을 찾았을 것이다. 답답한 마음에 친구를 만나서 한 바탕 눈물 바람을 쏟아냈다. 친구 심이 돈을 빌려주었다. 돈을 빌리려던 것이 아니었는데 사양할 처지도 안 되었다. 꾼 돈 300만 원으로 빚을 갚았다.

나는 빚의 굴레에서 벗어나기 위해 명퇴했다. 그런데 다른 사람도 아닌 친구에게 개인 빚이 생겼다. 2천만 원의 감옥에서 탈출했지만 300만 원이라는 사채(개인 빚)의 족쇄를 차게 된 것이다.

계, 전세 자금
대출

명퇴 후 염원이었던 공부를 뒤늦게 시작해 방송통신대학을 다녔다. 방송대에서 인연이 되어 연애했다. 연애 경험이 적고 서툴렀던 나는 처녀로 아이를 가졌다. 처녀가 덜컥 아이를 가졌으니 처음엔 남자 친구에게만 말했을 뿐 임신 초기에 가족들에게 알릴 수 없었다.

속이 안 좋고 어지럽고 토할 듯한 입덧이 시작됐다. 살도 찌고 있었다. 눈치 빠른 작은언니가 알게 됐다. 서둘러 남자 친구를 집에 인사시켰다. 직장은 부천으로 다니고 있었는데 회사에는 철저히 비밀을 유지했다. 서서히 배가 불러왔다. 나는 임신 7개월이 됐을 때 살이 꽤 붙어서 더 이상 회사에 다닐 수 없게 됐을 때까지 일했다.

돈이 없는 부모는 괜찮지만 계속해서 빚을 물려주는 부모는 힘에 부쳤다. 사춘기부터 꿈의 걸림돌이 되고 20살이 되자 빚의 굴레를 만든 가족이 버거웠다. 도움은 받지 못하고 끊임없이 밑 빠진 독이 되는 가족 때문에 미래가 암흑 같았다. 새로운 사람들과 다르게 시작하고 싶었다. '나만의 가족을 만들고 보금자리를 확보하면 다른 인생이 펼쳐지고 내 삶을 개척할 수 있지 않을까?' 나는 깊은 동굴 같은 현실에서 벗어나 새로운 곳으로의 희망을 꿈꾸었다.

혼전 임신했지만, 아이의 존재가 첫 단추라서 좋았다. 아이 아빠와 나는 둘 다 이전까지 가족에게 돈을 보태느라 각자 모아 놓은 돈이 없었다. 아이를 함께 키울 장소가 필요했다. 무작정 그가 살고 있었던 어머니와 형과 형수가 함께 사는 집으로 들어갔다. 그런데 그곳은 나에게 감옥 같았다. 갈 곳을 마련하기 위해 내 의지로 빚을 냈다. 월세 집을 얻자니 매월 지출 금액이 모두 사라진다는 게 아까웠다. 큰언니의 소개로 첫 계로 500만 원의 빚을 낼 수 있었다. 500만 원을 밑천으로 전세 자금을 대출받았다.

계는 500만 원짜리 계였다. 목돈을 일찍 받으면 이자가 발생하는 방식이다. 계는 총 22개월짜리였다. 첫 달 25만 원을 납입하고 곗돈 500만 원을 탔다. 그리고 다음 달부터 30만 원씩 21개월 입금했다. 이자는 21개월 동안 130만 원이다. 단순 계산하면 1부 이자지만 나중에 계산해 보고 이자를 알게 되었다. 연 25%가 넘는 이율이었다.

나는 만삭을 거쳐 아이를 낳은 후에도 부업을 했다. 부업으로 생활만 근근이 이어갔고 저축은 불가능했다. 아이가 태어났으니 저축 없는 일상은 미래가 없다고 판단했다. 어린이집에 맡길 수 있는 아기 생후 7개월 차부터 일을 시작했다. 그리고 본격적으로 10개월 차에 취업했다. 모유 수유를 끊고 대출금을 갚아 나갔다. 아기 돌잔치도 하고 두 번의 겨울을 다세대 북향집에서 보냈다. 전세 만기가 다가왔고 방 두 칸짜리 빌라 집을 얻었다. 화장실을 급조해서 만든 전세 1,300만 원인 다세대 쪽방에서 살다가 전세 2,500만 원 집으로 이사를 한다니 기뻤다. 전세 대출은 연 4% 정도로 아주 좋은 대출 조건이었다.

서명의
중요성

"보증 보험 증권이 안 끊기네요. 보증 보험 없이는 재계약이 안 됩니다."

젖먹이를 떼어놓고 취업 후 2년 정도 지난 어느 날이었다. 총무가 내 자리에 와서 툭 하고 내뱉듯 던진 말이다. 보증 보험? 어떤 일인지 짐작조차 안 가서 보증 보험에 전화를 걸었다. 직원의 설명을 듣다가 불현듯 생각이 떠올랐다.

3년 전이다.

"집에 일이 좀 있어, 가족들 모두 함께 가야 해." 작은언니가 급하게 나에게 집으로 오라고 전화했다. 엄마와 큰언니, 오빠, 작은언니, 나까지 다섯이 어딘가로 향했다. 택시에 다섯이 타고 있어서 비좁았다. 뭘 하러 가냐는 질문에 서명할 게 있다는 말만 들었을 뿐 이내 택시 안은 조용해졌다. 차에서 내려 인천 어느 낡은 건물 안으로 들어갔다. 은행과는 달라 보이지만 비슷한 사무실처럼 보였다. 언니가 분주하게 움직이더니 서류를 한 장 가지고 왔다. 서류에는 연대 보증이란 말이 쓰여 있었다. "보증을 서는 거야?" 의문의 눈으로 내가 언니를 바라보았다. "넌 서명만 하면 돼. 어차피 내가 살고 있으니 내가 알아서 해" 작은언니의 단호한 말에 나는 서명을 마치고 돌아왔다. 서명했을 때 나는 24살에 임신 8개월 차일 때다. 서 있고 많이 걸은 탓인지 집에 왔더니 다리가 퉁퉁 부어 있었다.

간단하게 서명만 하면 된다고 했던 작은 일이었다. 아버지가 사망하고 아버지 명의로 되어 있던 집을 온가족이 자동 상속받았던 (단순 상속) 게 시작이었다. 당시 부모님 집에는 작은언니가 엄마와 살고 있었다. 작은언니가 집에 대한 대출 원리금을 납부하고 있을 때였다. 그 집에 사는 언니가 책임지고 대출금을 상환하고 있었고, 나는 굳이 알고 싶지 않은 내용이었다.

그로부터 3년이 훌쩍 지난 후였다. 그 시간 동안 친정집 상황도 많이 변했다. 작은언니가 이혼했고 엄마와 분가했다. 문제가 된 집은 아버지가 살아계셨을 때 처음으로 내 집 마련을 했던 빌라 집이다. 그 집에서 나는 처음으로 내 방을 갖기도 했고 두 번 집을 나가야 하기도 했다. 한번은 오빠가 결혼할 여자를 데리고 왔던 때고 한번은 작은언니가 결혼할 남자를 데리고 왔을 때다. 아버지가 투병하고 아버지의 장례식을 치른 그 집이기도 하다. 우리 가족이 오랜 시간 함께 살았던 집이다.

작은언니가 분가하고 집 대출금을 상환해야 하는 사람은 오빠만 남았다. 그러나 오빠는 대출금을 내지 못했다. 그 결과 헐값에 경매로 집이 넘어갔다. 낙찰가보다 더 많은 대출금 때문에 경매로 넘어갔지만 남은 돈은 전혀 없었다. 결국 엄마는 처음 소유했던 집에서 쫓겨났다. 엄마는 당시 오빠와 오빠의 자녀 둘, 넷이서 부천 원미구 심곡동에 반지하 셋방으로 이사를 했다.

경매로 집을 날렸으니 빚은 사라진 걸까? 그렇지 않았다. 싼값에 낙찰된 집에서 엄마와 오빠가 쫓겨났지만, 대출 빚은 법정 상속인들에게 상속되어 채무 금액으로 남아 있었다. 거의 만삭으로 부지불식간에 불려가서 서명했던 사소한 내 행동은 몇 년 후 날벼락이 되어 돌아왔다. 내가 서명했다는 사실도 잊은 때였다.

보증 보험 증권이 안 끊긴다는 건 내게 던져진 숙제였다. 그렇다면 보증 보험 없이 돈을 벌 수 있는 곳을 찾아야 하나? 그런 곳에서 현재의 벌이 이상을 할 수 있을까? 만약 돈을 벌지 않으면 집안의 재정 상태가 망가질 상황이었다. 남편 혼자 외벌이로는 아이를 양육할 수 없는 상황에 내가 회사로 나온 터였다. 단칸방 집에서 방 두 칸짜리 집으로 이사를 왔고 시어머님도 부양하고 있을 때였다.

상황을 받아들였다. 숙제를 받았으니 해내야 했다. 결국 채무를 오롯이 내 명의로 가지고 오게 되었다. 한 번에 상환할 수 있는 상황도 아니었다. 1,500만 원이 넘는 채무를 다소 높은 이자와 함께 분할로 상환하기로 약정했다. 온 가족의 보증 채무가 나 혼자만의 채무로 확정되었다. 남편에게 상의할 수 없었다. 문제 해결을 하는 게 중요했다. 상의를 통해 또 다른 문제를 양산하는 게 더 싫었다.

살다 보면 빚이 생기는 경우가 있다. 매월 찾아오는 신용 카드 대금을 제때 갚지 못할 때 카드빚이 생긴다. 돈이 필요해서 신용 대출을 받거나 현금서비스를 받으면 대출 빚이 생긴다. 할부 형태로 물품을 구매해도 빚이 생긴다. 조금 더 단가가 높은 자동차를 사면 할부 금융 빚이 생긴다. 그리고 자산인 부동산을 살 때 대출을 이용하면 빚이 생긴다. 기본적인 생계를 위해 몸을 누이고 밥을 먹을 곳을 마련하기 위해 매월 월세, 혹은 전세 보증금을 대출로 마련하면 전세 자금 대출의 빚이 생긴다. 자가를 구매할 때도 자본금이 적으면 부채를 빌어 자산을 키운다. 돈이 없는 사람은 없는 살림에 빚을 내고 돈이 많은 사람은 레버리지 효과를 내기 위해 빚을 낸다.

나의 첫 빚은 대학 등록금이었다. 두 번째 빚은 아버지가 총을 쏘면서 사고가 났고, 병원비 해결을 위해 직장 신용 대출을 2천만 원이상 받았다. 세 번째 빚은 빚을 갚기 위해 빌린 개인 빚 300만 원이다. 그리고 네 번째 서명만 했을 뿐인데 3년도 더 지난 후 사고가 발생했다. 이미 서명한 순간에 보증 빚이 생긴 것이다.

채무를 내 명의로 가지고 온 후 빚을 모두 갚는 데 3년이 넘게 걸렸다. 이후 계산해 보니 원금보다 많은 이자를 갚았다는 걸 알게 되었다. 나는 서명의 중요성을 뼈아픈 경험으로 내 것으로 만들었다.

어머니의
병원비

- - - - - - - - - - - - - -

2003년 이사 후 이삿짐 정리가 한창이었다. 이사하고 일주일이
지났을 때 남편이 어딘가로 가자고 해서 길을 나섰다. 부천 원미구
심곡동 다세대 집들이 있는 곳에 주차하고 어딘가로 남편이 들어갔
다. 나는 무슨 상황인지 몰라서 남편을 따라갔다. 어둡고 칙칙한 곳
어느 집 앞문을 열었다. 그곳에 시어머님이 홀로 앉아 계셨다. 방으
로 들어가니 방바닥이 차가웠다. 밖은 꽃이 움트는 3월인데 방은 겨
울의 냉기보다 섬뜩했다.

　남편이 어머님의 상태를 확인하고 나더러 밖으로 나가자고 했

다. 그제야 상황을 들을 수 있었다. 시어머님의 큰아들과 며느리가 시어머님을 버렸다. 분가라고 말할 수 없다. 분가라면 시어머님이 홀로 나오는 게 아니라 아들과 며느리가 집을 나가야 마땅했다. 남편의 형과 형수는 심지어 시어머니를 버린 지하 쪽방에 보일러 가스 연결조차 하지 않았다. 나는 선뜻 어떤 말도 할 수 없었다.

임신 후 같이 살면서 늘 고압적인 자세였던 남편이 그날 처음으로 나에게 진심으로 부탁한다고 했다. 시어머님을 우리 집으로 모시고 오자는 것이었다. 여러 가지 생각들이 스치고 지났다. 답을 알지만 답하기 싫었다. 당연한 도리에 대한 의무감과 내키지 않는 마음이 줄다리기를 벌였다. 그런데 시어머님이 계신 방으로 들어가자 생각이 멈췄다. 방 안이 춥고, 어둡고, 습해서 그곳을 나가고 싶었다.

그날로 시어머님과 함께 이삿짐이 아직 제자리를 못 찾은 방 두 칸짜리 빌라 집으로 왔다. 함께 살다보니 시어머니는 가끔 볼 때와 사뭇 다른 모습을 보이곤 했다. 나는 시어머님이 평소 말이 적고 온화하다고 생각했다. 그런데 막상 함께 살게 되자 순하다고 생각한 모습에서 이상한 느낌이 드는 행동을 하는 것을 보게 되었다. 내가 남편에게 시어머님의 행동과 말에 대해 진지하게 말한 후 남편과 아주버님이 분주하게 움직였다. 몇 주의 시간이 지났다. 남편이 종이 한 장을 보여주었다. 서류에는 진단명이 적혀 있었다. 정신지체 2급.

순간 놀랐지만, 이상하게 위안이 되었다. 시어머님이 아픈 사람이라는 점을 확인하고 인정받는 증명서 같았다. 아프다는 건 그저 받아들여야 할 뿐 이해의 영역이 아니었다. 남편과 시아주버님도 자신의 어머니 상태를 정확히 알지는 못했다고 생각한다. 그러나 분명 그는 가족에 대해 나에게 알려 준 게 없었다. 남편이 나에게 가정사에 대해 침묵했다는 걸 알게 되었지만, 우리 가정에 중차대한 문제는 아닐 거라고 믿고 싶었다.

정작 문제는 시어머님이 아닌 나와 남편 둘의 관계였다. 시어머니와 함께 산 지 2년이 지날 때쯤 남편의 일탈을 알아버렸다. 2년 넘게 급여를 속이고 개인적으로 돈을 쓰고 있었다. 사용처를 알아내는 게 당시에는 가장 중요했다. 끝끝내 확인한 사용처는 유흥비였다.

며칠 동안 공든 탑이 무너지고 부서졌다. 희망, 사랑, 내 편이기를 바라는 남편이라는 존재의 의미, 꿈, 아등바등 살아가는 나 자신. 출근해서 일하다가 순간 답답해서 사무실을 뛰쳐나갔다. 점심시간에 동료에게 약속이 있다고 말하고 회사 주변의 길을 걸었다. 집에 가도 어디 한 곳 숨 트일 곳이 없었다. 퇴근해서 아이의 얼굴을 보고 있으면 가슴이 뜨거워 통증이 느껴졌다. 시어머님께 의논할 수 없었다. 무념의 시어머니에게 간신히 예의를 차리느라 애먼 엄지손톱으로 검지를 힘주어 누를 뿐이었다. 남편과 대면해도 말이 나오지 않았다.

이혼을 결심했고 준비했다. 이혼 초읽기가 막바지에 다달았을 때 시어머님이 쓰러졌다. 시어머니가 쓰러지고 병원비가 두 달 동안 천만 원이 넘게 나왔다. 이혼하려고 모든 준비를 마쳤는데 이혼 실행이 망설여졌다. '나는 아이에게 어떤 엄마가 되려 하는가? 아빠를 버린 엄마를 원망하면 어쩌지?' 아들에게 비정한 엄마가 되는 게 두려웠다. 나는 아들에게 나쁜 엄마가 될 수 없어 이혼을 접었다. 일을 하고 밥을 먹고 잠도 잤다. 그리고 자주 멍해졌다.

시어머니는 빠르게 쾌유했고 집으로 모셔 올 수 있었다. 나는 낮에 집에 어머님 말고는 아무도 없으므로 어머님을 병원으로 모시자고 했지만, 남편이 극구 반대했다. 괜찮은 줄 알았던 시어머니가 퇴원 후에 한 달도 되기 전에 두 번째로 쓰러졌다. 그리고 반복되듯 응급실과 중환자실에서 치료받게 되었다. 또 많은 병원비가 나왔다. 계속 그대로 병원에 있을 수만은 없었다. 중요한 치료를 마무리하고 규모가 다소 있는 요양병원에 모셨다.

한 달에 500만 원 정도의 병원비가 100만 원 정도로 적어졌다. 시어머님은 결국 병원 밖으로 나올 수 없게 되었다. 중환자실에 입원한 3개월 동안 1,500만 원 정도의 병원비가 나왔다. 목돈이 없어서 병원비는 신용 카드 할부로 결제했다. 이전에 발생한 병원비를 할부로 상환하면서 새롭게 옮긴 요양병원비를 부담했다.

매달 100만 원의 새로운 고정비가 생겼고, 이미 있는 빚을 갚기 위해 늘 절약해야 했다. 절약은 나에게 습관처럼 자리매김하였다. 큰 파도가 잠잠해졌을 때 나는 개인 빚을 갚기로 했다. 아무래도 목돈을 마련해서 갚으려고 하니 미뤄지기만 했다. 친구 심에게 미안하지만 나눠서 돈을 갚아나가겠다고 말하고 돈을 입금하기 시작했다.

6개월도 안 돼서 바윗돌보다 무거웠던 개인 빚을 갚게 되었다.

그리고 임대아파트 계약금도 마련해서 청약을 넣을 수 있었다. 시어머니가 쓰러진 후 2년 정도의 시간이 더 지나갔다.

임대아파트 입주 후 어느 날 남편이 또 집을 나갔다. 신혼 초부터 자주 집을 나갔던 그는 싸우거나 기분이 나쁘다며 집을 나가기 일쑤였다. 어서 집으로 돌아오라는 나의 절규에 그는 "죽겠다"라고 소리치며 답했다. 그때마다 나는 죄인이 되어 그에게 빌고 매달렸다. 일탈 이후 각서, 일탈 이후 각서가 반복됐고 각서들이 서랍 한 칸을 차지했다. 시어머니와 함께 살게 되면서 그가 집 나가는 횟수가 확연하게 줄었다. 그러나 시어머니가 요양병원으로 가면서 그의 가출이 다시 시작됐다.

당시는 이혼을 접고 둘째를 갖기 위해 노력했던 때다. 연거푸 두 번의 유산이 있었다. 유산하고 하루도 못 쉬고 출근했다. 유산 후 첫 출근날 그가 마지막으로 집을 나갔다. 그날 나는 몸도 무겁고 그저 무기력했다. 베란다로 걸어갔다. 베란다 앞에 거울을 봤다. 부서진 내가 보였다. 거실 대문을 잠그고 안전장치까지 걸었다. 위험으로부터 안전한 내 집을 지키겠다는 듯이.

이후 곧바로 이혼했고 가족 구성원이 바뀌었다.

월세방에서 쫓겨날
위기의 엄마

이혼 후 작은언니와 합가했다. 작은언니는 혼자 살고 있었는데 단칸방에서 끼니도 잘 챙겨 먹지 않았다. 아이 둘과 헤어진 후 자신을 책망하면서 살고 있었다. 그런 언니에게 함께 살자고 내가 제안했다. 작은언니와 아들과 나, 셋이 함께 살면서 한 달에 한 번 이상 여행을 다녔다. 유치원생인 아들을 데리고 갈 때면 작은언니가 아들 보살핌을 맡아주었고 운전은 내가 했다.

나는 길치에 방향치다. 그래서 여행은 웬만하면 여러 번 갔던, 익숙한 곳으로 가곤 했다. 2008년 내가 운전하고 다닐 때 길을 찾아주는 시스템이 나날이 발전하고 있었다. 내비게이션이 없었다면 여행은 꿈도 못 꾸었을 것이다. 당시에는 내비게이션을 사용하려면 업데이트해야 했다. 지금은 실시간 업데이트를 할 수 있지만 초창기에는 메모리카드에 입력된 방식으로 길을 찾았다. 여행을 나서기 전에 내비게이션을 업데이트하고 출발하는 것은 나 같은 길치에겐 필수품이었다. 준비물에 우선순위로 따지자면 나 자신이 첫째고 둘째가 돈이라면 세 번째가 내비게이션이었다. 그다음 순번이 동행자로 그만큼 내비게이션의 존재는 나에게 중요했다.

내비게이션 업데이트가 제대로 안 돼서 길을 뱅뱅 돈 적이 한두 번이 아니었다. 업데이트가 잘 되었다고 해도 내비게이션을 보다 보면 도통 구분하기 쉽지 않은 길들이 많았다. 특히 샛길 표시나 몇 미터 후 빠져나가는 방향 표시가 불분명해서 길을 잘못 든 적이 많다. 익숙한 길도 헤맬 경우가 있었는데 자주 안 다니는 여행길은 더 심할 수밖에 없었다. 처음 간 장소에서 길을 찾아 뱅뱅 돌다 한적한 시골길에서 역주행을 한 적도 있다. 한 번은 지방 고속도로에서 방향 표시가 고속도로를 빠지라는 건지 아닌지 알 수 없어 고속도로 출구 쪽에 위험천만하게 차를 세운 적도 있다. 나의 여행은 길을 못 찾은 경험으로 종종 버라이어티한 상황을 연출하기도 했다.

작은언니와 함께 살게 되고 반년이 훌쩍 넘었다. 매일 아침저녁으로 엄마네 집에 들러 7살 아들을 맡기고 데려왔다. 그러던 어느 날 엄마네 집에 심각한 문제가 생겼다는 걸 알게 됐다. 오빠는 택시 기사 일을 하면서 돈을 버는 건지 쓰는 건지 알 수 없는 상태였다. 엄마는 오빠가 택시회사에 입금할 돈이 없다고 종종 손을 벌린다고 불만을 토로했다. 엄마의 소득이라고 해 봐야 딸들이 주는 용돈이 고작이었다. 돈도 안 버는 엄마에게 오빠는 생활비를 주기는커녕 오히려 용돈처럼 돈을 타 간다고 했다. 엄마가 근근이 생활을 이어가고 있었지만 재정 상태에 경고등이 들어온 상태였다. 월세와 공과금이 밀렸고 급기야 보증금도 모두 탕진해버린 지경까지 이르러 주인이 월세 집을 빼라고 했다는 말을 들었다.

엄마가 이혼한 딸네 집에는 못 들어간다고 한 게 1년도 안 됐을 때였다. 각자 집에서 잘 생활하면서 살 수 있다면 그보다 더 좋은 건 없을 것이다. 그러나 이미 문제가 심각해졌다. 엄마가 따로 살고 싶어 한다고 해도 도울 방법을 찾기 어려웠다. 그렇다고 딸 세 명이 엄마의 생활비를 모두 감당하는 건 말도 안 되게 부담되는 일이었다. 외통수였다. 더군다나 큰언니는 살기 더 퍽퍽했기 때문에 해답을 찾는 것은 작은언니와 나의 몫이었다.

나는 작은언니와 고민했다. 어떻게 해야 할까? 답은 하나뿐이었다. 두 집 살림을 유지하는 것보다 엄마의 월세 부담을 줄이는 게 먼저였다. 작은언니와 먼저 합의를 본 뒤, 엄마에게 말했다.

처음에는 "딸네 집에 들어갈 수 없다."라며 완강히 거절했던 엄마도 결국 현실을 받아들일 수밖에 없었다. 월세방에서 곧 쫓겨날 수도 있는 상황이었고, 우리 집 외에는 갈 곳이 없었다.

당시 24평 아파트에서 작은언니, 나, 아들이 함께 살고 있었지만, 이제 일곱 식구가 함께 살아야 했다.

이사를 결정하고 날을 잡았다. 조카들은 중학생, 초등학생이었으므로 학교 전학 문제를 확인했다. 이사 견적을 내고 이사했다. 짐이 많아서 이사 비용도 만만치 않게 들었다. 기존 월셋집에 공과금과 월세가 밀려 있어서 보증금을 상계하니 받을 것도 없었다. 엄마의 묵은 살림이 24평 내 임대아파트에 들어왔다. 이삿짐이 들어오는데 기존에 이미 살림이 있으니 짐이 쌓여서 정신이 없었다. 겹치는 살림도 많았다. 집안에 살림이 넘쳐나는 것 같았다. 집은 좁은데 살림이 공장의 컨베이어 벨트가 움직이는 것처럼 들어오고 또 들어왔다.

살다 보면 가족은 종종 삶의 방식을 가르쳐주는 내비게이션이 된다. 2008년 각자 부천 심곡동과 오정동에 살던 우리는 오정동 24평 아파트 한집에 함께 모이게 되었다. '인생은 예측불허, 그리하여 삶은 그 의미를 갖는다.'라며 내 삶에 또다시 "두둥~" 하고 새로운 페이지가 펼쳐졌다. 엄마가 월세방에서 "방 빼~" 소리를 듣게 된 건, 나의 인생길에 다른 길로 가라는 내비게이션의 지시 아니었을까?

사망한 아버지가 남긴
보증 빚

1997년, 아버지가 돌아가셨다. 6년간 투병에 종지부가 찍혔다. 아버지가 아프면서 집의 가세는 가파르게 기울었다. 이전까지도 부유한 적은 없었지만, 가장의 심각한 병환은 자식들에게 빚의 굴레를 만들었다. 자녀 넷은 각자 자신의 몫에 한계를 느끼며 빚을 갚았다. 자녀 넷 중 셋이 아버지가 돌아가신 전후로 결혼과 이혼을 경험했다. 이혼한 세 명의 자녀가 한집에 살게 되었다. 집안의 막내였던 내 집 24평 임대아파트 59㎡ 공간에 일곱 식구가 살았다. 2007년, 아버지가 영면에 들고 10년이 지나고 있었다.

어느 날 우리 집에 생소한 우편물이 도착했다. 수신인은 다름 아닌 나였다. 내용을 보니 아버지가 보증을 선 것에 대해 채무자 표기가 내 이름이었다. 아버지가 돌아가신 지 10년이나 됐는데 갑작스러웠다. 손바닥보다 조금 큰 우편 용지에서 토네이도가 일면서 블랙홀이 나의 온갖 생각을 먹어치웠다.

하늘이 무너지는 기분이었다. 그럴 때 신을 찾게 되기도 했다. 10년 동안 아버지의 빚을 갚기 위해 허우적거렸는데 또 시작이란 말인가? 나는 서럽고 화가 났다. 성경을 공부했다면 성경 말씀을 읊었을지도 모른다. 도대체 끊임없이 괴롭히는 빚의 굴레는 어디까지인 걸까? 엄마에게 보증에 대해 물어봤지만, 전혀 모르는 일이라고 했다. 채무자라고 표시된 사람의 이름은 채○○이었다. "엄마, 채○○이라는 사람이 누군지 정말 몰라?" 엄마는 도통 채가라는 사람은 모른다고 했다.

1998년 개정된 상속법 중 우리 가족에게 유의미한 한 가지 개정 정책이 있다. 단순 상속에 관한 내용이다. 본 상속법 개정 이전까지 상속은 3개월 이내에 단순 상속이 원칙이었다. 98년 개정된 내용은 빚이 재산보다 많거나 빚을 늦게 발견하였을 때 구제해 주는 제도다. 무조건 3개월 이내에 상속되는 것이 아니라 채무를 안 날로부터 3개월 이내에 상속을 포기할 수 있는 정책이다. 안타깝게도 97년에 돌아가신 아빠는 개정된 법률과 무관했다.

누군가는 법을 제대로 알고 법을 활용하고 이용도 할 줄 안다. 나는 어땠을까? 법은 사회적 약속이므로 보편타당하고 마땅하다고 쉽게 생각했다. 나는 사회적 규범, 법을 지키는 게 당연하다고 여기며 살았다. 신뢰하고 믿기 때문에 오히려 법을 모르고 살아도 되는 줄 알았다. 도덕적으로 크게 벗어남 없이 산다면 법의 테두리 안에서 안전할 거로 자만했다. 그러나 무지한 우리 가족은 법에 패배하고 휘둘렸다. 아버지의 보증 채무는 원금은 2천여만 원이었다. 그런데 이자는 배가 넘었다. 우편물에 내용은 나를 상대로 강제 법 조치가 된다고 되어 있었다. 그즈음 나는 그것이 무엇인지 명확하게 알고 있었다.

넋 놓고 있다가 반복해서 크게 당할 수는 없었다. 피할 수 있는 것이라면 피하는 게 상책이다. 그러나 피할 수 없다면 맞닥뜨려야 한다. 그리고 해결 방안을 찾아야 한다. 그것이 지난 10년 동안 내가 뼈저리게 배운 교훈이었다.

작은언니와 나는 우편물에 있는 담당자에게 전화했다. 통화하면서 의문점이 생겼다. 도대체 채○○이란 채무자는 누구일까? 아버지와는 어떤 관계였을까? 채무자를 찾아야겠다고 마음먹었다. 어떤 채무자기에 보증인이 죽은 지 10년이 넘었는데도 빚을 갚지 않은 건가? 그리고 어떤 채권자기에 이다지도 무자비한가? 채무자가 누군지 확인하고, 내가 할 수 있는 것을 해보고 빚을 갚아도 갚겠다고 마음먹었다.

실마리를 찾기 위해 우편물에 기재된 채권자 사무실에 갔다. ○○

신용정보사라고 표기된 사무실 문을 열었다. 건물은 낡은 건물이었고 그곳에 들어가니 직원이 꽤 있었다. 담당자는 반색하며 우리를 맞았다. 채무를 해결할 호구들의 등장에 환호하는 듯했다. 담당자는 어떻게든 우리가 채무를 갚도록 유도했다. 우리가 원인 서류를 요구하자 담당자는 최근 자료만 내밀었다. 작은언니와 나는 모든 원인 서류를 요청했다.

서류를 가지러 갔던 담당자는 협조하며 케케묵은 파일을 가지고 나왔다. 우리는 서류를 꼼꼼히 살폈다. 채○○과 아버지의 관계를 찾아야 했다. 10여 년 동안 쌓인 서류는 두꺼운 파일첩이 되어 있었다. 아버지와 채○○이 어떤 관계인지 살폈으나 찾을 수 없었다. 채○○과 아버지가 어떤 인연인지라도 알고 싶었다.

채무 내용은 단순했다. 차주가 덤프트럭을 사며 보증인을 세웠다. 그 보증인이 아버지라고 했다. 관련된 차량도 확인했다. 차량의 행방도 물어봤다. 채무자의 초본이나 개인 정보에 대한 사항도 물었으나 알려 줄 수 없다고 해서 서류에 기재된 내용만 메모했다. 한참 서류를 보다가 낯익은 이름을 발견했다. 조○○ 바로 외삼촌의 이름이었다. '뭐지? 채무자인 채○○은 전혀 모르는 사람인데 조○○ 셋째 삼촌?'

"이 사람이 서류에 왜 있죠? 우리는 채○○은 모르는 사람인데 조○○은 아는 사람입니다. 채무가 조○○과 관련이 있습니까?" 언니와 나는 눈을 반짝였다. 그나마 아는 사람 이름이 나왔고 원인 규명이라도 하고 싶었다. 그런데 채권자 담당자의 말을 듣고 보니 아주 이상했다. 조○○은 차를 중고로 산 사람이라고 되어 있었다. 채무자인 채○○이 조○○에게 덤프트럭을 팔았다고 했다.

엄마에게 당장 전화했다. 그제야 엄마는 아빠가 외삼촌이 차를 살 때 보증인이 필요하다고 해서 서류를 준 적이 있다고 했다. '도대체 무슨 일이지?' 아버지는 외삼촌의 보증을 서 준 적이 있다. 채○○은 차를 판 사람이다. 그런데 아버지가 왜 채○○의 보증인이지? 채○○과 삼촌 둘에게 아버지가 보증을 섰다는 말인가? 이해되지 않았다. 차를 팔았다는 채○○도 아버지의 지인이란 말인가? 엄마에게 외삼촌과 연락해 달라고 요청했다.

외삼촌과 전화 연결이 됐다.

"삼촌, 아빠가 삼촌 보증 서 준 적 있어? 그리고 차를 팔았다는 채○○과 삼촌 두 명에게 아버지가 보증을 서 주었어?"

"뭔 소리야~ 채○○? 채○○이 누군데?"

"삼촌이 중고차를 살 때 전 차주래"

"니네 아빠가 내 보증 서 준 거 맞아. 근데 니네 아빠가 채○○을 어떻게 알아? 나도 모르는 사람인데. 난 중고차로 덤프트럭을 샀고 이전 차량 주인인가? 그런데 웬 보증 이야기야, 지난번에도 니네 엄마가 한번 묻던데 나는 찻값 모두 갚았어.'"

외삼촌과의 통화로 명확해졌다. 아빠는 외삼촌인 조○○의 보증을 서 주었던 것으로 밝혀졌다. 그리고 외삼촌은 차량 가격을 모두 정상 완납했다. 그렇다면 왜 채○○의 보증인으로 아버지가 기록된 걸까? 채권 담당자에게 문의했으나 담당자가 알아본다고 하더니 한참 동안 자리를 비웠다. 언니와 나는 머릿속이 어지러웠다. '이게 진짜 말이 되는 상황인가?' 집이 경매될 때도 본 채권자가 포함되어 있었다. 그렇다면 집행권원도 있었다는 말이다. 이후 시간이 10년이 지난 후 자식 중 한 명인 나에게 강제 압류까지 하려고 했다. 한참 만에 담당자가 우리와 대면했다. 얼굴에 당황하는 기색이 역력했다. "저 뭔가 서류가 잘못된 것 같습니다." 언니와 나는 알 수 없는 표정이 되어 놀란 가슴을 쓸어내리고 도망치듯 그 자리를 빠져나왔다.

어이없게도 채권자는 심각한 오류를 저질렀다. 조○○의 보증인인 아버지를 관계없는 채○○의 보증인으로 전산에 등록했다. 그리고 추심을 했다. 그렇게도 긴 시간 동안 불법을 저지른 것이다. 당시에 우린 놀라고 안도하는 마음에 그간의 일을 깔끔하게 정리하지 못했다. 당시에 우리는 그동안 그들이 가지고 간 돈을 요구하지도 않았다. 그리고 그간 우리가 겪은 모든 손해 배상을 청구하지도 않았다. 당연히 지금이라면 그렇게 얼렁뚱땅 넘어가지는 않았을 것이다.

사망한 아버지의 보증 채무를 10년 후 알게 됐다. 도망가려고 했다면 덜미를 잡혔을 것이다. 직접 가서 원인 서류를 확인하지 않았다면 민사적인 책임을 모두 져야 했을 것이다. 빚을 갚으면서 돌아가신 아버지를 또 원망했을 것이다. 자세히 알아보고 맞닥뜨렸을 때 해결책을 찾았다. 이후 나는 어려움이 닥쳤을 때 절대로 도망가지 않는다. 문제를 인식하면 그것을 자세히 알아보고 상황 파악을 제대로 한 후 해결하는 데 집중한다.

전략적
신용 회복

　"장기 기증이랑 시체 기증까지 했어." 작은언니가 신분증 크기의
작은 카드를 보여줬다. "이게 뭐야?" 항목별로 스티커가 붙어 있었
다. "난 자식들도 언제 볼지 모르고, 죽더라도 깨끗하게 가야지."
2007년 작은언니는 동생인 나와 같이 살고 있었지만 무심한 듯 말
했다. 언니만의 문제는 아니었다. '죽음의 공평한 발걸음은 가난한
자의 오두막과 임금의 궁궐을 모두 찾아가 문을 두드린다.'라는 말
이 있다. 작은언니나 나나 죽음이 언제 올지 아무도 모를 일이다. 나
또한 어린 아들에게 험한 일을 맡길 수는 없었다. 나도 장기 기증과

관련된 신청서를 작성했다. 우리 가족은 일곱 명이 함께 살고 있었다. 그러나 작은언니와 나는 가족들 누구에게도 마지막을 맡긴다고 생각하지 않았다.

작은언니와 나는 이혼했기 때문에 사망 시 미성년자인 자녀가 법정 상속인이 된다. 그러나 자녀에게 부모 중 누군가 살아 있다면 남은 한쪽이 미성년 자녀의 대리인으로 상속권자가 된다. 이건 배우 최진실이 사망하면서 전 국민에게 생생하게 각인되었다. 당시 우린 모아 놓은 돈이 없었다. 우리가 우리의 몫을 할 수 있도록 해주는 전 재산은 몸 하나였다. 그러나 몸이 고장 나거나 폐기 처분되더라도 우리의 책임에 대한 몫이 없어지진 않는다. 때문에 둘 다 빠듯한 형편에도 두 개씩 보험을 가입한 후 유지했다.

나는 아들이 성년이 될 때까지 부양하고 보살펴야 한다는 사명감이 있었다. 그것을 해내지 못할까 봐 두려웠다. 작은언니는 떨어져 있는 아이들이지만 마지막에라도 엄마 역할을 하고 싶다고 했다. 불의의 사고에 대비해 우린 각자 사망 보험을 가입했었다. 그런데 보험금이 아이들 아빠에게 간다고 생각하면 아득해졌다. 우리 자매는 둘 다 아이 아빠들이 자녀를 잘 양육해 줄 거라는 믿음이 없었다. 그래서 가입한 보험에 서로 상속인을 지정했다.

일곱 식구의 일상은 바쁘고 빠르게 지나갔다. 소소한 사건도 많았다. 엄마는 월례 행사로 화가 나곤 했다. 그럴 때마다 오빠의 자녀들이 많이 혼났다. 오빠는 실직 상태에 있었다. 일과 돈에 대한 의지가 없는 건지 담을 쌓은 건지 박제된 듯 가만히 숨죽이고 집안에만 있었다. 엄마가 화나는 일에 나는 이해할 마음을 내지 못했다. 어떤 일을 문제 삼아 화를 내더라도 내가 보기엔 사소한데 과하게 화내는 거라고 느껴졌다.

화내다 큰소리가 나면 다툼으로 이어졌다. 무엇 때문에 화가 났는지 원인은 잊혀도 화가 난 상태는 계속됐다. 엄마가 화가 날 때면 나는 안절부절못하지 못했다. 마지막 할 말은 이미 정해져 있었기 때문이다. "그래~ 내가 딸년 집에서 얹혀사는 게 잘못이지, 내가 이 집을 나가면 될 것 아니냐? 죽어야지~ 내가 죽어야지~"

엄마가 하는 말을 들으면 나는 속에서 용광로가 터지며 두통과 소화불량이 이어졌다. 엄마의 화, 불만, 원흉이 바로 나 같았다. 내가 딸인 게 잘못이고, 내가 태어난 게 잘못이고 내가 죽지 않은 게 잘못 같았다. '지겨운 이 집구석 나갈 거야!, 죽어버릴 거야!' 엄마의 외침은 나에게 반사가 되어 돌아왔다. '나더러 패륜아가 되란 말인가?' 엄마가 죽겠다고 말하는 하소연이 나에게 죽으라고 외치는 것 같았다. 예민해진 내 탓이었다. 그러나 당시 나는 내 생각이 과도하다고 생각하지 못했다.

어릴 때 트라우마 때문일까? 아주 오랜 예전에 들었던 언어 폭력이 그대로 내 마음속에 남아 위장을 곪게 하고 전두엽을 공격하는 것 같았다. 미취학 아동이었던 우리에게 엄마는 화가 나면 말에 거름망 없이 내뱉었다. "니들은 왜 나가서 죽지도 않냐?" 어린 시절에 들었던 말은 잊히지 않고 생생하게 살아 있었다. 엄마가 화가 날 때 하는 말은 단순히 푸념처럼 들리지 않았다. 정제되지 않고 나오는 말은 나에게 잠재되어 있는 뇌관을 건드렸다. 나는 다만 여타 사람들이 생각하는 따뜻한 엄마, 그리운 엄마, 안쓰럽고 잔잔하고 단단한, 평범한 엄마를 소원했다.

　작은언니가 조카들과 떨어져 지낸 지 몇 년이 지났다. 언니는 아이들 이야기를 애써 피했다. 그러다 어느 날 엄마의 말·말·말이 또 한 번 터졌다. "자식들 떼어놓고, 니가 할 소리는 아니지." 작은언니는 누르고 있던 곪고 삭은 감정이 터져버렸다. 고성이 오가고 작은언니가 동물처럼 울부짖었다. 다음 날이 되었다. "언니~ 조카들 찾아서 보자. 보고 싶으면 보면 되지." 나는 숨겨놨던 언니의 진심을 듣고 아이들을 찾는 게 어떤지 물었다.

　"어떻게?" 언니가 눈빛을 번쩍이며 물었다. 조카들의 아빠는 언니에게서 아이들의 행방을 감추고 알려주지 않았다. "엄마니까, 찾을 방법이 있겠지." 주민등록초본이나 등본의 경우 가족관계의 사람은 누구든 열람할 수 있다는 걸 알고 있었다. 주민 센터에 가서 알아보니 너무나도 쉽게 아이들의 주소가 나왔다. 주소지에 아이들이 실제로 살고 있다는 걸 확신할 수는 없었지만 큰 조카가 초등학생이므로 주소지에 소속된 학교라도 찾아가 보자고 말했다.

　D-DAY가 오고 우린 무작정 초본 주소지로 찾아갔다. 집으로 찾아갔으나 아무도 없었다. 학교도 다녀왔다. 등하교 시간이 지났는지

학교 주위는 아이들이 별로 없었다. 나는 언니와 주소지 집 근처에서 기다리기로 했다. 시간이 지나고 두 명의 아이들이 뛰어가는 모습이 포착됐다.

"준아!" 그때 언니가 아이들을 보며 불렀다. 아이들이 뜀박질을 멈추고 돌아섰다. "준아~ 엄마야!". "오빠~, 오빠 엄마래!". 둘째가 오빠에게 하는 말에 마음이 쓰렸다. "선이 엄마기도 해~" 둘째는 아직 아기일 때 엄마와 떨어져서 엄마 얼굴을 전혀 기억하지 못했다. 작은언니가 아이들을 얼싸안고 한참 어루만졌다. 이후 몇 주째 아이들을 보러 갔다. 작은언니는 몇 달 동안 아이들 준비물을 챙겨 주었다. 그러다가 조카의 아빠가 아이들을 데리고 가도 좋다고 허락해 주었다. 조카 둘을 데리고 우리 집으로 왔다.

59㎡ 아파트에 일곱 식구였던 가족이 두 명 조카가 보태져 아홉 식구가 되었다. 아이들은 초등학생이라서 전학도 시켰다. 엄마는 다섯 명의 손자들을 먹이고 키우는 데에 진심이었다. 하루에 밥을 두세 번 한다고 볼멘소리했지만 즐거워 보였다.

아홉 식구가 되고 1년의 세월이 훌쩍 지났다. 나는 그즈음 이직을 생각하고 있었다. 단 한 번도 해보지 않았던 영업직에 도전하기 위해 돈을 모았다. 그러나 좀처럼 돈이 모이지 않았다. 지출 목록을 보니 이자 비용이 꽤 높아져 있었다. 이때 빚을 효과적 갚기 위해 신용 구제 제도를 이용하기 위해 알아보게 되었다. 이직하려면 부족한 생활비를 충당하기 위해 목돈을 모아야 했다. 당시 전세 자금 대출과 이자 비용이 30만 원 정도 지출되고 있었다. 워크아웃[4]을 신청하게 되면 8년 동안 원금을 나눠서 내면 된다. 이직하면 최소 1년 동안 생활비가 매달 100만 원 이상이 더 필요했다. 필요 자금 2천만 원 중 1천만 원 정도의 여윳돈만 모은 상태였다. 이직하면서 1천만 원의 빚을 더 냈다.

20대에 생긴 빚은 내가 낸 빚이 아니었다. 가족들이 만들어낸 빚이거나 가족들의 필요로 빚을 낸 것이었다. 가장이 된 이후 생활비는 가장인 나의 몫이었다. 내가 주체적으로 낸 최초의 내 빚이 생겼다. 10년을 빚에 쫓겨 다니기만 했었다. 그러나 처음으로 빚의 고삐를 쥐고 빚을 운용하기로 했다.

빚을 다루는 주체는 나 자신이다. 빚을 더 내기로 한 것도 이직에 필요한 절차였다. 아홉 식구가 함께 살면서 내가 부담하는 생활비는 300만 원 정도였다. 그러나 처음 보험 영업을 하게 되면 1년 동안은 소득이 200만 원 근처라는 걸 알고 있었다. 1년 이후에는 영업일을 할 때 필요 경비까지 포함해서 350만 원 이상의 소득을 반드시 올려야 했다. 소득이 오르기 전까지 1년 정도 버틸 돈을 대출로 마련했

---

4 프리 워크아웃(pre-work out)과 개인 워크아웃이 있으며, 프리 워크아웃은 90일 이하의 단기 연체자를 대상으로, 이자율 인하, 상환 기간 연장을 지원하는 제도이며, 개인 워크 아웃은 90일 이상 연체되었지만 최저 생계비 이상의 수입이 있을 경우 채무 감면, 상환 기간 연장을 통해 안정적인 채무상환을 지원하는 제도이다. 최장 8년 동안 나누어 낼 수 있고 90일 이상 연체 시 개인에 따라 원금이 감면되거나 원금만 분할 상환하면 된다. 채무 조정 후 채무 불이행 정보(옛날 말로 신용 불량 등재)가 삭제되는 장점이 있다.

다. 이직 후 바로 신용회복위원회에 가서 워크아웃 채무 조정을 신청했다. 매월 나가는 빚이 40만 원대로 고정됐다. 워크아웃 덕분에 순수한 원금만 낼 수 있게 되었다.

새로운
가족

내 인생에서 식구의 구성은 여러 번 바뀌었다.

1남 3녀 중 막내로 태어났고, 20살에 아버지가 돌아가셨다. 23살에 아이가 생기며 남편과 셋이 되었고, 시어머니를 모시며 넷이 되었다. 이혼으로 아이와 둘이 되고, 작은언니와 함께 살며 셋이 되었다. 이후 엄마와 합가하며 일곱이 되었다가 조카 둘이 더 와서 아홉이 되었고 조카 둘이 아빠에게 돌아간 후 일곱이 되었다. 일곱 식구의 일상이 5년이 지났다.

삼십 대엔 나를 발전시키려고 무엇이든 했다. 일하며 생활비를 벌면서 대학 공부와 자격증 공부에 열성을 다했다. 일찍 집에 가는 게 싫기도 했다. 늦게까지 일하면 돈이 더 벌렸고 공부하는 대로 성적이 나왔다. 열심히 했을 때 결과가 나오는 일과 공부가 좋았다. 연애, 친구, 가족, 인간관계는 일이나 공부보다 훨씬 복잡했다. 하루 24시간 일정을 표시하고 계획표대로 움직였다.

가족 말고 다른 사람을 만나고 싶었다. SNS에 재미가 들기도 했다. 사람들을 보다가 부러움에 유럽 여행도 하게 되었다. 나 홀로 떠난 여행이라서 생각할 시간도 많았다. 허벅지가 저리고 발끝에 물집이 겹으로 잡힐 만큼 걸었고 내 감정을 깊이 들여다보는 시간이었다.

여행 후 한국에 와서 나는 나 자신에 집중했다. 행복하게 사는 건 어떤 것일까? 한 번뿐인 인생을 알록달록 예쁘게 만들고 싶었다. 만족, 행복한 삶을 살기 위해 무엇을 해야 할지 고민했다. 이전과 다른 내가 되고 싶었다. 불안한 외줄에서 내려와 안정적인 곳으로 피신하고 싶었다. 가족과 집이 짐과 늪으로 느껴졌다. 늪에서 벗어나고 싶었다.

인천 부평구 삼산동 원룸형 아파트에 월세 집을 얻었다. 가장 하고 싶었던 큰 책장을 두 개 샀다. 집이라는 공간이 쉬는 곳이라는 것을 온몸으로 느꼈다. 내 공간이 있다는 것이 마냥 좋았다.

수개월이 지나고 인터넷 모임 한 곳에서 동갑내기 남자와 사귀게 되었다. 그와 사귄 지 5개월이 안 되었을 즈음 나는 그와 주민 센터를 갔다. 나만을 의지하고 있는 것 같은 가족들과 이별을 고하고 싶었는지 그와 가정을 꾸리고 싶었는지 모르겠다. 혼인신고로 가족 구성원을 바꾸었다. 이혼녀로 살며 느낀 불안을 뽑기라도 하듯 조용하고 재빠르게 해치워버렸다.

홀로
서기

- - - - - - - - - - - - -

가족 구성원에 엄마와 친정 식구들을 털어냈다. 그러나 아직 아들과 합가를 못 하고 있었다. 남편, 아들과 셋이 살 곳을 정해야 했다. 새 가족을 위해 친정 식구와 경제적인 독립이 필요했다.

아들을 데려오면서 엄마에게 계속 생활비를 드릴 수는 없었다. 혼인신고 자체가 가족들에게서 벗어나고 싶었던 마음이 컸기 때문에 당연한 절차였다. 낙찰받은 부천시 원미구 역곡 아파트는 구축이라서 그런지 평수, 대비 좁은 느낌이었다. 4층인데 계단을 이용해야 했다. 엘리베이터가 없는 건물에 엄마가 걸어 다녀야 하는 상황으로 몰렸다.

24평 새 아파트에 살다가 22평 오래된 5층짜리 아파트는 단지 두 평 차이로 보이지 않았다. 방 세 개 화장실 두 개인 집과 방 두 개 화장실이 한 개는 체감이 컸다. 경매로 낙찰된 집이기 때문인지 기존 주인이 집을 아끼며 사용하지도 않았다. 외관만 구축이 아니라 집안 상태도 나빴다. 경매로 기존에 살던 사람을 이사 보내며 이사 비용을 챙겨주었다. 낙찰받은 집은 90퍼센트 대출이 되어 추가적인 목돈은 필요 없었다. 다만 이자가 발생했다. 집에 대한 이자는 내가 부담하기로 했다.

24평 아파트는 임대 기간 5년이 지나서 소유권이 나로 바뀌고, 그후 또 몇 년이 지났다. 집을 팔고 셋이 살 곳으로 기존 집이 아닌 새로운 곳으로 이사하고 싶었다. 그러나 엄마가 살림하면서 집 관리가 안 되어 집을 보러 오는 사람이 있어도 매매로 이어지지 않았다. 엄마, 오빠, 언니 모두 흡연자로 집에 담배 냄새도 심했다. 결국 내가 처음 분양받은 임대아파트로 들어가기로 했다.

엄마가 부천 원미구 역곡에 이사하고 나는 부천 오정구 오정동으로 입주했다. 각자 두 집은 입주 전 도배를 새로 했다. 엄마의 살림이 빠진 24평 집이 휑해졌다. 우리 집 이사를 마치고 서둘러 엄마 집으로 향했다. 묵은 짐이 많은 엄마 살림이 좁은 집에 넘쳐나서 정리가 필요해 보였다. 이사를 하고 기분이 상했던 작은언니는 나에게 화를 냈고 끝내 다툼으로 이어졌다. 우린 서로의 입장만을 주장하고 각자 돌아섰다. 언니가 한 말이 머릿속을 맴돌았다. "결국 너는 우리를 이런 곳에다 버렸잖아."

처음 장만했던 24평 임대아파트, 내 집에서 짐을 정리한 후 밤이 되어 몸을 누였다. 남편이 있는 가정을 꾸린다는 건 당시 나에게 안정이란 키워드 같이 느껴졌다. 이혼 후 영업하면서 많은 사람에게 이혼 사실을 숨겼다. 이혼한 사람에 대한 색안경이 심할 때였다. 더구나 이혼녀가 보험 영업을 한다고 하면 그 눈초리가 무서웠다. 나는 불필요한 가면 속에서 서서히 뒤틀렸다. 많은 사람과 교류하며 낮에 웃고 집에서 침묵했으며 잘 때 악몽을 꾸었다. 나는 오랫동안 목적 없이 떠도는 풍선 같았다. 내가 마련한 내 집에 마침내 아들, 남편이라는 존재, 그리고 내가 식구로 모였다.

남편은 나와 합가하면서 자신의 재정 상태를 공개했다. 빚이 여기저기 흩어져있었다. 갚을 돈이 3천만 원 정도였다. 회사에서 대출받아서 기존 빚 모두 정리했다. 산발적인 빚이 한 곳으로 되었다. 남편의 소득으로 시부모님 집에 생활비를 드리고 남은 돈은 전부 자신이 기존에 진 빚을 갚았다. 그리고 그가 써야 하는 용돈은 전부 내가 주었다.

나는 세무사 시험을 치르기 위해 1년 동안 일과 공부를 병행했다. 하루 3시간 이상 잠을 잔 적이 없자 몸에 병이 찾아왔다. 머리가 깨질 듯이 아프다가 열이 40도가 넘으며 혼절했다. 119에 실려서 응급실에 갔고, 2주 동안 입원 치료받았다. 그런데 문제는 그다음이었다. 무리하면 병이 도졌다. 병명은 급성신우신염이었다. 한번 고장 난 신장은 무리하거나 피곤하면 두통으로 경고등을 깜빡였다. 경고를 무시하면 몸이 도저히 못 해 먹겠다며 고열과 혼절로 강제 파업했다.

세무사 공부를 그만두었다. 건강을 잃으면 모든 걸 잃는다는 걸 깨달았다. 이후 친구들과 음식점을 개업했다. 명태 조림을 파는 가맹점이었다. 셋이서 5천만 원을 각자 출자하며 동업했다. 가게 위치는 부천 범박동이었다. 보험 영업과 음식점을 병행하며 바쁜 일상을 보냈다. 부천 오정구 오정동 집과 가게는 꽤 거리가 멀었고 담배 냄새도 어느 정도 빠졌을 즈음 집을 내놨다. 가게 근처인 부천 소사구 범박동 32평 아파트에 이사 가기로 했다. 몇 개월이 지나자 가게는 자리를 잡았고 맛집으로 소문이 났다.

새로운 가족의 화합은 쉽지 않았다. 남편은 희소병이 있어서 아플 때는 예민해졌다. 사소한 습관도 서로 달랐다. 물건을 쓰면 제자리에 놓아야 하는 나와 달리 그는 물건을 제자리에 놓는 법이 없었다. 집이 깨끗하게 정리된 꼴은 못 본다는 심리인 건지 알 수 없었다.

결혼 기간 3년, 연애 기간만큼 짧은 기간이었다. 나는 이혼을 결심했다. 이혼 사유는 복합적이지만 간단했다. 결국 나를 위해서였다. 이혼하기 10개월 정도 그는 무직 상태였다. 내가 그에게 회사를 그만두라고 했다. 시어머니의 생활비도 내가 부담하기로 했다. 그의 병이 자주 그를 힘들게 했고 스트레스가 과도해 보였다. 그를 살리고 가정의 평안을 위하는 길인 줄 알았다. 회사를 그만둔 그와 유럽 여행도 한 달 동안 다녀왔다. 여행은 늘 좋은 것이지만 그 당시 여행 사진을 보면 내 얼굴은 부어 있고 피로에 절어있다.

그와 살면서 나는 112를 두 번 눌렀다. 맞고 자랐다는 그는 나에게 어느 순간부터 폭력을 썼다. 무지막지하게 맞은 적은 없다. 주먹을 사용했고 멍이 드는 정도였다. 어느 날은 시어머니와 여행을 다녀오면서 차 안에서 작은 다툼이 있었다. 시어머니가 뒷자리에 있는데 주차한 차에서 내리더니 차 밖에서 보조석에 있던 나에게 주먹이 날아왔다. 시어머니가 말려주길 바랐지만, 그녀는 단 한마디 말도 하지 않았다. 마치 그런 일이 없었다는 듯 내내 침묵했다.

폭력이 있을 때 이혼을 잠시 떠올렸다. 그러나 두 번 이혼은, 땅. 땅. 땅. 철판 같은 공허한 소리가 귓가에 울렸다. 마치 인생이라는 법정에서 유죄를 선고받은 듯, '당신은 실패자입니다'라는 선언이 머릿속을 가득 채웠다. 사회의 규칙에 어긋난 자, 단두대 위에서 목이 잘릴 죄인처럼 느껴졌다. 사방이 막혔다. 사회적 매장의 공포가 밀려들었고, 타인의 손에 의해 무너지는 것보다 스스로 무너지는 것이 더 나을지도 모른다는 생각이 어둠처럼 퍼졌다. 혼란과 절망이 뒤섞여 거친 폭풍처럼 머릿속을 헤집었다. 생각은 곧 행동이 되었다. 모든 것이 멈출 거라 믿었지만, 삶은 여전히 나를 붙잡고 있었다. 끝을 향한 발걸음은 미완으로 남았고, 나는 다시 현실 속으로 던져졌다. 그 후 임신하려고 노력했으나 유산했다. 유산 후 수술한 것이 문제가 되어 병이 생겼다. 핏줄들이 엉겨 붙어서 커졌고 복통이 유발됐다. 병원에서는 자궁을 들어내거나 핏줄 제거 수술 시 과다출혈로 사망할 수도 있다고 말했다.

의사의 말이 무서웠다. 자궁적출도 큰일인데 죽을 수 있다니, 막상 죽을 수 있다는 말에 어지럽던 생각이 일순간 사라졌다.

흐릿했던 마음이 단단해졌다.
삶에 대한 갈망은 단순했다.
나를 기다리는 가족, 내 아들이 있었다.
나는 주저앉을 수 없었다.
반드시 살아야 했다.

다행히 큰 수술 없이 약물 치료로 상태가 호전되었다. 하지만 '아픈 수술'이라는 말 그대로, 시술 후의 통증은 예상보다 오래 머물렀다.

이틀째, 쉬는 날이었다. 남편은 아무렇지도 않게 밥을 달라고 했다.

화가 나지 않았다. 그저 담담하게 받아들였다.

'아픈 몸으로도 저 사람의 끼니를 챙겨야 하는구나. 통증에 시달려 잠 한숨 못 잔 내가, 어지러진 집도 치워야 하는구나.'

그 순간, 모든 걸 멈추고 싶었다.

수술 직후, 통증이 온몸을 짓눌렀다. 그런 와중에도 나는 그에게 여행 경비를 보냈다. 며칠간 떠나 있으라고.

그는 주저 없이 짐을 챙겼고, 나는 조용히 지켜보았다.

문이 닫히고, 그의 발걸음 소리도 사라졌다.

그제야 나도 모르게 한숨이 새어 나왔다.

'휴… 살겠다.'

순간, 온몸에 소름이 돋았다.

그는 여행을 떠났다. 아들은 스스로 식사를 해결했고, 신경 쓸 일이 없었다.

나는 내 방에 홀로 남았다. 처음으로, 진정한 고요가 찾아왔다.

몸도, 마음도 편안했다.

오랜 혼란을 정리하며 스스로에게 다짐했다.

'살자. 이혼하자. 홀로 서자.'

그리고 그는 돌아왔다.

나는 더 이상 흔들리지 않았다.

커피숍에서 만나자고 했다. 집이 아닌 곳에서, 단단해진 내 결심을 꺼내 보였다.

"그동안 고마웠어. 화난 게 아니야. 감정적으로 내뱉는 말도 아니야. 오랜 고민 끝에 내린 결론이야. 이혼하자. 내 생각은 변하지 않을 거야."

내 단호한 태도에, 그는 더 말을 잇지 않았다.

그렇게, 모든 것이 끝났다.

그러나 이혼이 그렇게 간단할 리 없었다.

이사할 때 범박동 집 명의를 그 사람으로 했다는 이유로 집값 상승분의 절반을 요구했다.

나는 조용히, 그러나 단호하게 말했다.

"명의자가 반드시 실제 소유권자라는 법은 없어."

그에게 상황을 차분히 설명했다. 결혼 전에 모은 재산은 재산 분할 대상이 아니며, 단순히 명의를 공유했다고 해서 그 재산의 권리가 있는 것은 아니라는 사실도 알려 주었다.

오히려 내가 그에게 용돈을 주고, 시댁 생활비까지 부담했던 부분을 상기시키며 덧붙였다.

"법적으로 가면 불리해지는 쪽은 내가 아니야."

3년의 결혼 생활. 그 짧은 시간 동안, 나는 한 가지를 뼈저리게 깨달았다.

그를 만나기 전, 차곡차곡 쌓아온 재산의 40%가 순식간에 증발했다.

그는 외식을 즐겼고, 돈을 쓰는 것에 거리낌이 없었다.

나는 너그러웠고, 그의 생활 방식을 있는 그대로 받아들였다.

그러나 결과는 가혹했다.

돈이 사라졌다. 그러나 후회하지 않았다.

그건 나의 선택이었으니까.

나는 내 결정의 무게를 견딜 수 있었다.

하지만 상대의 끝없는 욕심을 감당할 만큼 어리석지는 않았다.

그는 그것을 알지 못했다.

그와 이혼 서류를 마무리한 며칠 후, 나는 다시 법원으로 향했다.

이번엔 이혼이 아니라, 또 다른 결단을 내리기 위해서였다.

법원 민원실에서 개명 허가 신청서를 작성하며, 문득 손끝이 떨렸다.

40년 동안 나를 불러왔던 이름. 나를 규정하고 억눌렀던 이름.

그것을 단 한 번의 서명으로 지워버렸다.

그리고 한 달 후, 내 존재를 감싸던 그 이름은 사라졌다.

나는 두 번의 이혼, 실패한 가정이라는 낙인을 떨쳐내고, 다시 태어나기로 했다.

'하늘'.

나는 이제, 스스로의 이름을 부르며 살아가기로 했다.

다시 뭉친 가족

인생은 롤러코스터와 닮아 있다. 예측할 수 없는 굴곡과 아찔한 속도, 그리고 순식간에 변하는 풍경들. 중학생 시절, 소풍을 갔던 놀이공원에서 처음 롤러코스터를 탔을 때처럼, 내 인생도 오르락내리락하며 끊임없이 새로운 국면을 맞이했다. 당시 놀이기구의 최고봉은 단연 롤러코스터였다. 소풍 시즌이라서 많은 학교에서 놀이공원으로 소풍을 왔다. 평일인데도 긴 줄을 서며 한참 기다린 후에야 그 실체를 영접했다.

나의 인생도 여타 인생과 같이 오르막길이 있고 내리막길도 있다. 올라갈 때 짜릿함이 있었고 내리막길에 가슴을 쓸어내렸다. 빠르게 속도가 바뀌고 방향이 전환되면서 휘청거릴 때도 있었다. 앞으로의 인생도 그럴 수 있다. 40대에 얻은 귀중한 경험으로 스펙터클하게 움직이는 롤러코스터 같은 시기는 놀이기구를 타는 시간만큼 짧은 순간이라는 것을 알게 되었다. 삶은 때때로 깊은 상처를 새긴다. 어떤 사건들은 가슴에 주홍글씨처럼 각인되어 지워지지 않는다. 순간의 아픔이 길고 험한 여정처럼 느껴질 때도 있다. 하지만 결국 그 순간들도 시간의 흐름 속에서 희미해지고, 새로운 날들이 덮어준다. 그러나 분명히 롤러코스터 같은 스릴이 느껴지는 일들은 정말이지 '순간'에 불과하다. 인생 대부분은 평온하다.

마흔이 되던 해, 나는 스스로를 죽이고 다시 태어나기로 했다. 지나간 시간의 무게를 벗어던지고, 새로운 삶의 페이지를 펼쳐 나가겠다고 다짐했다. 어제를 후회하는 대신, 오늘을 빛나게 할 길을 찾기로 했다. '지난날의 착오는 지나간 일이다. 하지만 같은 길을 또 걸어서는 안 된다. 어떤 판단이 어떤 결과를 초래했는지 되짚어 보자. 현재를 만족해? 만족스럽지 않다면 분명히 잘못이 있는 거야. 열심히 살았다거나 최선을 다했다고 잘못이 없는 건 아니야. 분명히 무언가 원인과 결과가 있어.' 책이 생각을 정리하는 데 큰 도움이 되었다.

'앞으로는 어떻게 살아야 할까? 선택의 순간이 올 때 신중하게 앞날을 그려보자.' 일과 돈, 인생의 의미, 사람, 연애에 관한 생각이 재배치되었다. '결혼은 왜 하는가? 연애는 왜 하는가? 일은 어떤 일을 해야 하는가? 어떻게 돈을 벌고 쓸 것인가? 사람은 어떤 사람을 만나고 관계를 이어갈 것인가? 사람과의 관계에 있어 나를 지키는 것을 나는 최우선으로 하는가? 타인을 먼저 생각하고 걱정하는 건 이타적인가 멍청한 것인가?' 어떻게 살 것인가의 자문에 답하는 시간을 가졌다.

연애도 쉽지만은 않지만 그나마 즐겁고 좋았다. 그러나 결혼은 고되고 아팠다. 이성과의 만남, 사랑의 달콤한 결실은 결혼으로, 가족을 만들고 절대적인 내 편을 만드는 것인 줄 알았다. 그러나 절대적인 내 편이길 바란 남편도 결국 타인이었다. 물론 나만 그렇다. 그러니 다른 사람들은 잘하고 있고, 나만 잘못하는 것이다. 그리고 남편만의 잘못도 물론 아니다. 남편이 완벽한 남의 편이었던 것처럼 나조차도 결국은 남남이 되기로 마음먹고 실행했다. 누구를 탓하는 게 아니다. 다만 내 깜냥을 알게 되었다.

나는 결혼 경험에 비해 연애 경험이 적었다. 이혼 후 연애를 인생에서 지우려 했다. 그러나 연애다운 연애를 못 해본 게 아쉬웠다. 연애하려고 마음먹고 사람을 만나는 곳에 나를 가져다 놓았다.

즐거운 연애가 하고 싶었다. 남자 친구를 만들고 교제했다. 그러나 연애 또한 쉽지 않았다. '예쁘고 재밌는 연애를 하겠다'라는 열망과 달리 인연이 쉽게 찾아오지 않았다. 2019년에 책을 보다가 모든 것의 키가 나라는 것을 인지했다. 연애도 책으로 배웠다고 해야 맞다. 우선 지피지면 백전백승이라고 했다. 나는 내가 어떤 사람인지, 어떤 걸 좋아하고 바라는지 생각했다. 연애하고 싶은 이상형도 수첩에 적었다.

나는 사람을 만나면 마음을 다했지만, 자주 궤도를 벗어났다. 생각해 보면 나는 나를 스스로 사랑하지 않았었다. 나 자신을 사랑하지 않으면서 나를 사랑해줄 사람을 찾고 있었다. 나의 잘못된 시작은 결국 이별을 만들었다. 시행착오 시절에 만난 남자의 특징은 다양하다. 거짓말을 습관처럼 하는 사람, 바람 피는 사람, 섹스를 인색할 정도로 안 하는 사람, 그렇다면 그 사람들의 문제였을까? 아니다. 모든 건 조급하고 나 자신을 하찮게 여기는 내가 만든 결과였을 뿐이다. 연애를 통해 뚜렷하게 배운 게 있다. 나를 지키고 나를 위하는 게 언제나 최우선이어야 한다는 걸 확실히 알게 되었다. 연애를 책으로 배우고 기적처럼 2020년에 이상형과 들어맞는 인연을 만났다.

나는 돈을 마련하기 위해 이사를 결심했고, 보이스 피싱을 당했다. 2년 넘게 보이스 피싱과 관련된 사건으로 시달리고 살길을 마련했다. 살기 위해 발버둥 치다가 부동산을 본격적으로 투자했다. 그리고 일을 그만두었다. 파이어족이 될 수 있었던 건 부동산 때문만은 아니다. 생활비를 비약적으로 줄였기 때문이다. 매달 500만 원이상 나가던 지출을 최대한 줄였더니 200만 원 미만이 되었다. 지출이 줄게 되니 일을 그만둬도 되는 상황이 되었다. 아름다운 백조의 생활을 1년 정도 하게 되면서 가족과 자주 왕래했다.

10년 가까이 각자의 삶을 살았지만, 나는 다시 가족과 함께 살기로 했다. 엄마가 걱정됐다. 이유를 따지고 분석할 필요도 없이, 그냥 그랬다.

한때는 이해하기 어려웠던 엄마가 어느 순간 안쓰럽게 보였다. 짧은 시간 사이 15kg이나 빠진 엄마를 보면서, 내가 이렇게 내 삶을 살아오는 동안, 엄마도 엄마의 역할을 다하며 버텨왔다는 걸 깨달았다. 그게 당연한 게 아니라는 것도.

가족과 함께 사는 것은 따뜻하고 행복한 일만이 아니다. 서로 맞지 않는 부분을 포기하고, 때로는 눈감아 주고, 보듬으며 살아가는 일이다. 그걸 알면서도, 나는 다시 가족과 함께 살아가기로 했다. 나는 숨을 깊이 들이마시고, 가족과 함께 거대한 롤러코스터에 올랐다.

4

집이 부여하는
의미

집의
의미

　나는 돈을 좋아한다. 지금도 부자가 되어야겠다고 마음먹는다. 돈을 다룰 줄 아는 사람이 되고 싶다. 돈의 흐름을 이해하고, 그것을 내것으로 만들 줄 아는 주인이 되고 싶다. 돈에 지배당하지 않기 위해 여러 성공 서적을 보았다. 많은 책을 요약하면 돈을 버는 방법은 간단했다. 일에 성공하거나, 투자에 성공하면 된다. 다방면으로 나는 내가 할 수 있는 것들을 해보았다. 그중에 현재까지 가장 좋은 기대수익을 준 것은 지극히 주관적으로 부동산 분야였다.

　요즘은 금융, 주식, 코인 등에 재미를 느끼고 있다. 물론 돈을 꾸준히 벌게 해 준 건 꾸준하게 지속해 온 노동(일)이었다. 꾸준한 일이 없었다면 돈은 당연히 없었을 것이다. 일과 투자에 성공하기 위해 나 자신을 아는 것이 아주 중요하다. '어떤 방법이 더 좋고 나쁘다.'라는 건 없다. 성장할 수 있는 일을 찾아서 하고 투자에 지식과 경험을 쌓는 게 중요하다. 나에겐 돈과 집의 의미가 꽤 오랜 시간 동일선상에 있었다.

집은 나에게 단순한 집 이상의 것이다. 내 몸과 마음이 머물고 있고 가족 혹은 사랑하는 사람이 함께하는 곳이다. 어릴 때는 당연히 부모의 집에 살았기 때문에 내 집은 부모님의 집이었다. 집은 소유의 개념도 중요하지만, 점유의 개념으로 씻고, 먹고, 자고, 쉬고, 공부하고, 놀고, 쉬고, 숨 쉬는 곳이기에 중요한 공간이다. 어린 시절부터 최근까지 내가 머물렀던 공간인 '집'에 대해 이야기해 보려 한다. 나이가 들면서 나에게 집은 공간을 넘어 재산이 되고 어린 시절부터 자라지 못하고 내면 아이로 머물러 있던 나를 먹이고 키우는 소중한 기관이다.

방
한 칸

어린 시절 집은 그저 잠자고 밥 먹는 공간에 불과했다. 아침에 눈을 뜨면 밖으로 나갔다. 집을 나서면 밖은 온통 놀잇거리로 넘쳐났다. 싸고 튼튼한 고무줄은 여자아이들에게 최고의 놀이 도구였다. 동무가 있으면 함께하고 혼자 있을 땐 기둥에 매어 놓고 종일 놀았다. 놀이가 운동이고 공부였다. 친구가 많으면 놀잇거리는 훨씬 다양해진다. 흙바닥이 넓은 공터만 있어도 놀이 종류가 넘쳐났다. 뾰족한 돌멩이 하나를 구해 바닥에 그림을 그리면 놀이가 바로 시작됐다. 땅, 돌멩이, 자갈, 모래, 종이, 실 쉽게 얻을 수 있는 사소한 것이

요긴한 장난감이 되었다.

나는 초등학생이 되기 전까지 가난을 알지 못했다. 어릴 때 한방에서 온 가족이 모여 자는 건 그저 당연한 일이었다. 좁은 집이 싫거나 불만을 가진 적도 없다. 한동네에 사는 아이들이 모두 비슷한 형편이라서 비교 대상도 없었다. 어린 시절 나에게 가장 중요했던 건 엄마 찌찌를 만지고 나오지도 않는 젖을 빨고, 밖에 나가서 노는 것이었다. 초등학교 고학년까지 젖에 연연했다. 그리고 밖에서 뛰어놀기에 바빴다. 잘살고 못살고의 개념이 없는 무지는 불만족을 만들지 않았고 행복과 불행이 절대적이고 단순했다.

머리가 크고 사춘기에 접어들면서 집이란 공간에 내 공간이 갖고 싶었다. 방의 개수, 집 평수, 집값은 아무래도 상관없었다. 다만 갖고 싶은 건 내 공간, 내방 한 칸이었다.

부모는 1남 3녀를 두었고 내가 중학생이 되었을 때 처음으로 방 두 칸의 집으로 이사했다. 그러나 방 두 칸에 막내인 내방이 있을 리 만무했다. 큰언니와 오빠가 이른 나이에 공장으로 가고 집에 부모와 작은언니, 나만 남았을 때 처음으로 작은언니와 한방을 썼다. 부모와 떨어진 방을 가진 것만으로도 행복했다.

고등학생이 되면서 처음으로 내 방이 생겼다. 작은언니가 수원으로 취업하고 혼자 방을 쓰게 되었다. 그러나 감격하고 감지덕지한 생활은 짧았다. 내 방이었던 방은 한번은 오빠의 신방이, 한번은 작은언니의 신방이 되었다. 두 번 모두 나는 방에서만 나오는 게 아니라 집 밖에 은신처를 찾아야 했다.

　　방 한 칸은 나에게 단순히 방이 아니었다. 쉴 수 있는 곳, 안전한 곳, 마음을 놓을 수 있는 곳이었다. 집이라는 개념에 내 방 한 칸이란 공간은 절실한 공간이고 절대적인 나를 지켜 주는 안전지대, 벙커였다.

다가구 쪽방, 단칸방, 전셋집

- - - - - - - - - - - - -

서당 개 3년이면 풍월을 읊는다. 일할 때도 3년, 5년, 10년이면 각기 다른 개념의 경력과 숙련됨을 짐작할 수 있다. 나는 학교교육을 받는 데 열성을 쏟았다. 그런데 우리 교육에는 꼭 필요한 공부는 빠져 있는 것 같다. 인간관계, 돈에 관한 공부는 인생에서 중요한 부분인데 왜 정규교육에서 배제한 것일까? 사회에 나와서 나의 부족을 절실하게 경험하면서 깨지고 배우고 실감했다. 불혹을 지나서 이제 좀 알 때도 됐는데 늘 나의 부족함만 알게 된다. 그러니 배우고 익히는 건 내 삶의 일부가 된다.

다행히 요즘은 의지만 있다면 정보를 습득할 수 있는 세상이 되었다. 핸드폰 하나에 세상의 지식이 넘쳐난다. 알고 싶다면 어떤 분야든 검색하고 익히는 시간을 내면 된다. 두뇌는 섹시하게, 가슴은 뜨겁게, 몸은 팔팔하게, 생각하는 건 모두 이룰 수 있다. 나에게 줄 수 있는 가장 큰 선물이 건강한 정신과 신체라는 걸 지금 나에게 또 각인한다.

23살에 임신 사실을 알게 되었을 때 인생에 일생일대의 중대한 선택을 했다. 아이를 낳고 가정을 꾸리겠다고 마음먹은 것이다. 두려운 마음도 있었지만 잘살아 보고 싶었다. 가정을 꾸리려면 공간이 필요했는데, 갈 곳이 여의찮았다.

그 시기에 집을 벗어나고 싶었던 것 같다. 빚의 굴레를 만들어 주는 부모님에 대한 버거움도 있었다. 언니, 오빠를 보고 학습했다. '결혼하면 부모님과 떨어져 사는구나.' 갈 곳 마련이 시급했다. 방법이 없었다. 돈도 없고 무작정 남자 친구의 집으로 들어갔다. 임신 8개월 차일 때다. 그의 집으로 들어가면서 혼인신고도 했다. 그곳에 있는 시간 동안 나는 쥐가 된 양 찍소리 내기가 두려웠다. 사방팔방 고양이가 밖에서 지키고 있어서 문밖은 위험했다. 두려운 곳에서 나올 수 있었던 건 큰언니 덕분이었다.

계라는 걸 처음 참여했다. 큰언니가 계원이라서 늦게 들어온 나에게 좋은 기회가 주어졌다. 첫 계를 탈 수 있는 기회는 아무한테 주는 게 아니라고 들었다. 큰언니가 보증을 서면서 나에게 기회가 주어졌고 곗돈으로 500만 원을 탔다. 첫 달 곗돈 25만 원을 내고 바로 500만 원을 받기로 했다. 곗돈이 나오는 날을 계산하며 미리 집을 구하러 다녔다. 적은 돈으로 여러 집을 보고 또 봤다. 그때는 월세라는 개념도 몰랐다. 월세 계산 방식을 이해하니 월세 금액이 아까웠다. 부족한 돈으로 집을 구하면서 새롭게 알게 된 개념이 있다. 전세는 보증금이 필요한 제도였다. 목돈이 없어도 전세 대출을 받으면 된다는 정보도 알게 되었다. 무주택자는 전세 보증금의 70%까지 대출이 되고 전세 대출 이자가 월세에 비해 적었다.

내가 바란 건 단 하나였다. '방 한 칸만 있어도 좋겠다.' 아이와 함께 살 수 있는 공간. 나만의 공간에 보금자리를 마련하면 뭐든 할 수 있을 것 같았다. 전세 대출을 받았다. 상환액은 원금과 이자를 같이 내는 방식이라서 월세 30만 원보다 지출이 늘었다. 그러나 원금을 갚아나가기에 위안으로 삼았다. 돈 만 원도 귀할 때라서 몇만 원 아낀 게 뿌듯했다. 만삭이 된 몸으로 은행을 여기저기 다니며 이율과 혜택을 비교했다.

2001년에 처음으로 얻은 나만의 공간은 단칸방, 전세 보증금이 1,300만 원이었다. 500만 원 곗돈과 나머지는 은행에서 전세 자금 대출을 받았다. 방 한 칸의 집을 온전히 내 공간으로 얻었다는 생각에 남부러울 게 없고 뿌듯하기만 했다. 집으로 이사 들어오니 막상 없는 게 많았다. 밥그릇, 냄비, 숟가락, 젓가락부터 식기 도구, 전자 제품 등 친정 식구들이 품앗이로 사주거나 있는 걸 나눠 주었다. 집

이 제법 생활할 수 있는 공간으로 채워졌다.

　남들 보기엔 어떨지 몰라도 나에겐 소중하고 귀한 집이었다. 그러나 실제 그 집은 나에게 절대적으로 집의 필요성을 느끼게 해 준 집이기도 하다. 단칸방이었고 부엌과 화장실이 다소 특이한 구조로 되어 있었다. 총 2층으로 된 다가구로 1층은 단칸방이 2개 있고 2층은 원래 주인 세대 한 가구가 사는 집이었다. 내가 얻은 집은 원래는 별도 가구를 줄 수 있는 집이 아니고 2층 주인 세대의 끝 방이었다. 그런데 세를 더 놓기 위해 개조한 집이었다. 급조해서 부엌과 화장실을 증축했다. 방에 안채로 갈 수 있는 문이 그대로 있었다. 안채에는 다른 사람이 살았기 때문에 문을 막기 위해 장롱을 놓았다. 부엌과 화장실을 나중에 개조한 집이라서 난방이 안 됐다. 방에 창문이 크게 설치되어 있었는데 나무 창틀이었고 창문 방향이 북향이었다.

나는 6월에 아이를 낳고 그 집에서 만 2년을 살았다. 겨울에는 화장실이나 부엌으로 아이를 데리고 나갈 수 없어서 대야에 물을 받아 방에 가져와서 아이를 씻겼다. 아이 덕분에 집에 대한 열망이 강해졌다. 방 한 칸이면 충분했던 마음은 빛이 바랬다. 집에 대한 요구 사항도 생겼다. 북향의 집에 아이 옷을 말리면서 남향집은 로망이 되었다. 어떻게 하면 보다 좋은 집으로 이사할 수 있는지에 대한 방법을 고민했다. 소득과 지출을 고려할 때 이사는 먼 곳에 있는 잡히지 않는 오아시스 같았다. 현실적인 대안을 고민하면서 미래를 함께 설계했다. 방 한 칸이란 개념에서 집이란 개념이 생기는 시기였다. 안전한 집, 따뜻한 집, 가치가 있는 집에 대한 열망이 계속 커졌다.

청약, 방 2칸 빌라 전셋집

25살, 엄마가 된 나는 집이 갖고 싶어졌다.

아이가 태어난 후 집은 단순히 사는 공간, 이상의 가치가 부여됐다. 연약하고 무방비한 상태의 어린 생명체가 머물 곳이 집이었다. 말랑하고 몰캉한 살결, 몽글몽글한 향을 품은, 꿈틀거리는 아기가 내 배에서 나와서 내 세상을 지배했다.

아기를 지킬 힘을 키우기로 다짐했다. 집은 아기를 지킬 장소로 나에게 커다란 의미가 되었다. 춥고 더운 날씨가 아기를 위협하는 괴물 같았다. 내가 늙어서까지 아기가 태어난 때처럼 가난하다면 장차 내 아이의 걸림돌이 될 것이란 걸 알고 있었다. 나는 부모로서 장해물이 아닌 버팀목이 되겠다고 마음먹었다. 우선 번듯한 집, 재산이 되는 집은 괴물로부터 아이를 지키고 디딤돌이 되어 주는 두 가지 모두를 해결할 수 있는 첫 단계였다. 나는 엄마가 되고 나서 절실한 바람을 수첩에 기록하고 계획을 써나갔다. 대한민국 성인들이 왜 그렇게 내 집 마련에 열성인지 알게 됐다.

'돈이 되는 집, 아파트를 갖고야 말겠어!' 사방팔방 둘러보면 아파트 같은 네모반듯한 건축물이 많기도 하다. 수도권 어디를 둘러봐도 블록들이 보인다. 건물이 없는 곳을 보려 해도 쉽지 않다. 무수히 많은 건물 중 내 것으로 만들고 싶은 집을 사진 찍었다.

사고 싶은 집의 시세를 알아봤는데 예상보다 더 비쌌다. 대출을 최대한도로 받는다고 해도 당장 모아야 하는 돈이 커서 까마득히 요원해 보였다. 당시 단돈 100만 원도 없었던 내가 집을 산다는 건 허황된 꿈에 불과했다. 그러나 마음먹었으니, 방법을 찾기로 했다. 즉시 나는 아이를 낳은 그달, 2001년 6월에 청약저축을 시작했다. 주택 공사 홈페이지에서 분양 계획에 관한 내용을 살폈다. 청약 관련 정보를 메모하고 모르는 건 찾아봤다. 임대아파트 분양 및 건설 계획을 보고 달력에 일정을 메모했다.

출산 후 아이가 9개월 차가 되는 때부터 나는 워킹맘이 뇌었다. 당장 생활비를 벌어야 했다. 어린아이를 맡기는 일이라서 단순히 생활비만 충당하는 건 안 될 일이었다. 무조건 돈을 모으기로 마음먹었다. 그러나 계획대로 되지 않았다. 가지 많은 나무에 빚이 연이어 발생했다. 빚을 열심히 갚다 보면 다시 새로운 빚이 생겼다. 시간은 생각보다 빠르게 흘렀다. 시간 속에 나의 계획은 느리지만 한 걸음씩 천천히 전진했다.

단칸방에서 방 두 칸 집으로 이사를 하는 건 생각보다 수월했다. 70퍼센트 전세 자금 대출이 나오는 혜택은 나에게 기회였다. 1,300만 원 전셋집에서 2,500만 원 전세로 이사 가는 건 300만 원 정도 모으면 가능한 일이었다. 그런데 그것도 원리금 상환으로 전세 자금 대출에 대한 원금을 매월 조금씩 갚았기 때문에 이사 비용만 있으면 가능한 일이었다.

나는 엄마가 되고 나서 목표가 뚜렷해졌다. '힘없고 짠한 부모 말고 든든한 부모가 되겠어.' 마음가짐 때문이었을까? 소비, 소모품, 사치품 등은 꼭 필요한 만큼만 썼다. 안쓰고 버티는 일상이 자연스러워졌다. 남들 다하는 사소한 외식, 적당한 쇼핑, 술 담배 같은 기호 식품의 소비 등에 욕구조차 없었다.

큰바람은 작은 보상 앞에서도 전혀 흔들리지 않았다. 여자가 약하다는 통념과는 달리, '어머니는 강하다'는 말이 내 마음속에 깊이 새겨졌다. 아끼고 절약하는 삶은 결코 비굴하거나 비참한 것이 아니라, 스스로 마음먹고 계획한 길을 당당히 걸어가는 힘을 줬다. 그렇다고 모든 것을 철저히 절제한 건 아니었다. 마음과 몸이 지칠 때마다, 나는 바람 쐬러 여행을 떠나곤 했다. 특히 강원도의 산과 바다는 계절에 상관없이 내게 따스한 품을 내밀며 다시금 기운을 북돋아 주었다.

아파트를 갖는 방법은 크게 세 가지가 있다. 매수, 경매, 청약. 각자 단점이 있다. 매수는 가장 많은 돈이 필요하고 경매는 지식이 필요하고, 청약은 기회가 드물다. 내가 할 수 있는 것들은 다 해보고 싶었다. 다만 가장 먼저 나에게 맞는 방법이 청약이었다. 청약저축은 부업을 하든 아르바이트하든 무조건 유지하기로 마음먹었다. 최소 가입 금액이 2만 원이었지만 보편적인 금액으로 10만 원으로 가입했다.

청약 가입 시점부터 청약을 반드시 하겠다고 마음먹었던 건 아니다. 청약저축을 들어 놓는 건 선택의 폭을 넓힐 수 있는 선제 조건이었다. 요즘은 내가 청약을 진행했던 때보다 청약 시에 더 많은 것들을 살펴야 한다. 청약을 고려한다는 건 청약 당시 가격과 소유권으로 넘어오는 시기 동안의 시세 차익이 어느 정도인지 따져보는 게 중요하다. 주식만큼은 아니지만 모든 자산의 등락은 변화무쌍하다. 대한민국 불패 신화 부동산도 마찬가지다. 사는 시기와 파는 시기를 잘못 잡으면 손해를 볼 수 있다. 투자의 성패는 매도 시점에 결정된다. 매도할 때 좋은 결과를 내려면 각 분야에 지식이 필요하다. 저축을 시작하면서 돈에 관한 공부도 시작했다.

☑ 청약·분양 정보

① **청약홈** https://www.applyhome.co.kr

② **호갱노노** https://hogangnono.com

③ **대한주택공사** https://www.lh.or.kr

④ **SH서울주택도시공사** https://www.i-sh.co.kr

☑ 청약 시 확인 사항

① 청약홈에 가면 청약 일정을 확인할 수 있다.

② 여러 번 할 수 있는 게 아니기 때문에 최선을 선택하는 눈을 키워야 한다.

③ 나의 조건이 어디에 있는지 파악한다.

④ 홈페이지에 들어가면 쉽게 정보를 알 수 있다. 홈페이지를 봐도 잘 모르겠다면 유튜브를 찾아보면 정보가 넘쳐난다.

사는(거주할) 집 vs
사야 하는(돈이 되는) 집

시작은 단돈 10만 원을 저축하는 청약 하나였다. 그러나 집을 갖고 싶다는 간절한 마음은 원동력이 되었다. 주택 공사 홈페이지를 매주 확인했다. 예전에는 임대아파트를 얻을 수 있는 것은 주택 공사가 유일한 창구였으나 요즘은 다양해졌다. 청약홈, 호갱노노, LH 임대주택, SH 임대주택, 공공임대주택 등 임대주택이나 일반분양 정보를 확인할 수 있다. 2002년에 임대주택은 5년 이후 분양받을 수 있는 조건이었다. 10년 전부터 5년뿐 아니라 30년 장기 임대아파트의 기회도 많아졌다. 소유라는 개념은 아니더라도 저렴한 주택을 소비하기 위해 이용할 수 있다. 이전의 나의 경험은 지금의 솔루션이라고 말할 수 없다. 현재는 당시의 세금, 복지정책, 이자, 경제 흐름을 고려해서 선택해야 한다.

2001년부터 꾸준하게 임대주택계획공시를 알아보았고 청약저축 기간이 24개월이 되었다. 저축 기간이 24개월이 되면 1순위 청약 권리를 가졌다. 물론 권리순위가 올라가는 항목은 다양해서 그중 한 가지였다. 무주택세대주 기간, 자녀 수, 부양가족 수, 소득 기준, 신혼부부 혜택, 무주택 청년, 다자녀 등 특별 공급 요건 등에 따라 청약 순위는 올라간다.

나는 자녀가 한 명일 때 2003년에 청약에 참여했다. 부천 오정구 임대아파트였고 당시만 해도 뜨거운 열기까지는 없었다. 그런데도 1차에는 낙방했다. 추가 예비자 명단에 포함되었고 운 좋게 당첨됐다. 당시 계약금 700여 만 원이 필요했다. 1차 당첨된 세대는 호수를 개인이 선택할 수 없고 무작위였다. 나는 추가 합격자라서 남아 있는 집을 고를 수 있었다. 15층 아파트에 9층을 선택했다.

청약에 입찰하고도 입주하려면 3년 이상 기다려야 했다. 방 두 칸짜리 전셋집에 만 2년이 지나자 전세 만기일이 되었다. 임대아파트 입주까지 1년 이상 더 기다려야 해서 전세를 갱신했다. 입찰 후 3년이 지나서 아파트가 완공됐다. 시어머님을 장기 요양병원에 모신 후라 임대아파트에 함께 입성하지 못했다.

임대아파트로 이사 들어오고 2개월 만에 이혼했다. 어렵게 얻은 임대아파트에 나와 아들만 남았다. 아들을 보살피는데 작은언니가 많은 도움을 주었다. 작은언니도 혼자 살고 있을 때라서 합가했다. 그리고 6개월 정도 후에 친정엄마와 오빠, 조카(오빠의 아이 둘)와 합가했다. 임대아파트에 가족이 늘었다. 3명이 살 때는 여유로웠던 24평 아파트 공간이 일곱이 되자 북적거렸다. 사는 집으로서의 24평 아파트는 식구가 늘었다고 해도 이전 집에 비하면 만족스러웠다. 그러나 많은 식구가 있는 만큼 생활비가 더 필요했다. 이전만큼 저축할 수 없게 되었다. 미래를 위해 투자가 절실히 필요하다고 느낀 때가 이 시기이다.

나는 이혼 후 2년이 지나고 나서 처음으로 종잣돈을 만들었다. 3천만 원 정도가 모였다. 이후 가족이 더 늘게 되면서 저축이 줄었다. 10년 이상 일하면서 매달 생활비와 빚 상환으로 돈을 모을 수 없었다. 어렵게 모은 첫 종잣돈에 리스크를 감수할 순 없었다. 최대한 안전한 자산을 찾기 위해 발품을 팔았다. 살고 있던 동내 부천에서 3천만 원으로 안전한 부동산에 투자할 만한 물건은 없었다.

지역을 넓혔다. 지역을 넓힐 때 사용한 방법은 주변 사람들의 이야기에 귀를 기울이는 것부터 시작했다. 친구, 지인, 고객들의 집에 방문할 때 주택 동향을 물었다. 모든 사람이 자신의 동내에 관심이 있었다. 소식은 동네 주민에게 듣고 짬을 내서 인근 부동산사무실 두세 곳을 방문했다. 부동산 중개업을 하는 사장님들과 인사하고 사장님들 중 나와 이야기가 가장 잘되는 사장님께 지역 소식과 매물

사항을 들었다.

안산 단원구 초지동 15평 원룸형 아파트는 당시 그 지역에서 가장 저렴했다. 아파트는 7천만 원이고 전세는 5천만 원이 시세였다. 그 집을 매수하려면 취득세 등을 포함해서 2천5백만 원 정도의 투자금이 필요했다. 주변 지역 임대 상황을 확인해 보니 전세가 귀하다는 걸 알게 됐다. 안산은 공장이 많고 일인가구가 많아서 월세 물건도 부족하다고 부동산 사장님께서 말씀해 주셨다. 인근 다른 부동산들도 확인해 보니 참말이었다.

안산에 집이 적은 것은 아니었지만 집을 구하는 사람도 많은 듯했다. 아무래도 일자리가 많은 게 장점으로 보였다. 이곳저곳 발품 팔면서 확인해 보니 빌라도 전세는 귀한 상황이었다. 그러니 깔끔한 아파트는 말할 것도 없이 귀한 취급을 받았다. 그런데 웬일인지 주택 시세를 알아보니 빌라에 비해 아파트가 오히려 저렴했다. 15평은 규모가 작은 아파트로 투자 대상으로는 비인기 품목이어서 그런 것 같았다. 반면 아파트 전세는 귀한 물건으로 대접받고 있었다. 부동산 사장님도 매매는 안 나가는 경우가 있어도 전세가 안 나가는 경우는 거의 없다고 했다.

결정했다. 첫 투자로 그 집을 사기로 했다. 그런데 나는 임대아파트 소유주로 무주택세대주를 유지해야 했다. 5년 후 분양받는 시기에 반드시 무주택자여야 했다. 작은언니와 상의한 끝에 작은언니에게 돈을 빌려주어 언니 명의로 아파트를 매수했다. 2년마다 전세 만기가 다가왔고 2년 후에 1천만 원 이상의 전세금을 올려 받았다. 2천5백만 원을 투자해서 6년 동안 번 돈은 5천만 원이었다. 언니는 그동안 무주택자로 1가구 1주택이었기 때문에 양도소득세는 면세 받았다.

살고 있던 임대아파트에 입주한 후 5년이 지났고 소유권 등기를 마쳤다. 처음으로 24평 아파트 소유권자가 되었다. 거주하는 집이 내 명의의 집이라는 건 새삼 새로운 일이었다. 매월 임대료를 주택공사에 내는 것과 담보 대출 원리금을 은행에 내는 건 어쩌면 빚을 지고 있다는 점에서는 똑같은 상황이었다. 그런데 마음가짐이 달랐다. 당시 집을 산 가격은 1억 5천만 원 정도였고 5년 동안 시세가 올라서 시세차익이 생겼다.

집은 거주하는 공간으로 만족할 것인지 투자라는 개념으로 볼 것인지에 따라 선택 기준을 달리해야 한다. 나 같은 경우 가장 큰돈이 투자되는 주택에 심사숙고할 수밖에 없었다. 여유가 있는 사람은 사는(거주) 것과 사는(매수) 것을 구분해도 상관없다.

나만의 공간
49㎡

- - - - - - - - - -

29살, 이혼 전까지 나는 소비가 무서웠다. 가족을 위한 소비는 최우선으로 했지만 나를 위한 소비는 허락하지 않았다. 이혼 후에야 나를 위해 돈을 쓰기 시작했다. 처음 쓴 돈은 우선 먹는 것이었다. 가족과 함께 하는 자리에서 내가 먹고 싶은 걸 사 먹었다. 음식 다음은 미용실로 향했다. 20대였던 나는 거울 속에 비친 모습이 40대 아줌마 같았다. "사장님 이 머리로 해주세요." 50킬로그램의 마른 몸에 커다란 빗자루가 올라간 모습이 되었다. 어울리지도 않는 미스코리아 파마머리를 하고 회사에 출근했다.

나는 돈을 벌 줄만 알았지, 쓸 줄은 몰랐다. 당시 돈을 쓰면서 돈 쓰는 법을 배워갔다. 돈을 쓰며 '기분 참 좋다.'고 혼잣말하고, 그게 뭐라고 찡해졌다. 언니와 함께 살면서 둘이 제주도 여행도 다녀오고 엄마를 모시고 다녀오기도 했다. 그다음 맘먹고 큰돈을 쓰려고 함께 간 곳은 안과다. 콘택트렌즈를 끼고 다니거나 안경 생활했는데 당시 라식수술이 대유행했다. 광고를 어찌나 해대던지 어디를 봐도 라식 광고로 넘쳐났다.

초창기라서 수술에 대한 위험도 있을 때였다. 병원마다 홍보가 한창이었다. 큰 병원이 좋을 것 같아서 일부러 강남 쪽으로 갔다. 모든 신기술은 강남에서 먼저 흥행했다. 150만 원의 큰돈이 필요했다. 안경이나 콘택트렌즈도 싼 편은 아니라서 장기적으로 생각해도 나쁘지 않을 것 같았다. 수술할 수 있는지 먼저 검사받았다. 수술 날짜를 잡고 병원으로 갔다. 수술은 처음이라 왠지 속이 메슥거렸다. 수술 후 눈을 감고 언니와 함께 집으로 왔다. 다음 날 아침이 되었다. 눈을 뜨자 새로운 세상이 열렸다. 사물이 또렷하게 보인다는 게 이런 느낌이었나? 새삼스러웠다. 작은언니도 바로 라식수술을 했다.

친정 식구들과 합가를 한 후 지출이 늘었다. 큰맘 먹고 이직도 했다. 보험 영업을 시작하면서 머리 스타일은 단발로 깔끔하게 잘라버렸다. 아등바등 살면서 인내하고 포기했던 여행을 내 인생에 확실한 여정으로 들여왔다. 국내 여행에 이어 해외여행도 알아봤다. 서른 살까지 해외여행은 신혼여행이 유일했다. 두 번째 해외여행은 가족과 함께하는 여행을 계획했다. 작은언니, 엄마 셋이 보라카이를 다녀왔다. 필리핀은 위험하다는 인식에 패키지여행으로 다녀왔다. 보라카이 이후 패키지여행과는 안녕을 고했다.

2년에 한 번 정도 해외여행을 갔다. 인터넷으로 검색하니 자유여행에 대한 팁을 얻을 수 있었다. 자유여행에 도전하면서 새로운 세상이 열렸다. 친구들 혹은 가족들과 정기적으로 여행했다. 국내 여행 코스로 부산, 강원도, 경주, 남해 등 이곳저곳을 다녔다. 해외여행을 살펴보니 사이판도 가고 싶어서 떠났다. 그리고 드라마 발리에서 생긴 일을 보고 작은언니와 친구들과 함께 여자 넷이 발리 여행도 했다. 여행에 쓰는 지출은 아깝다는 생각이 들지 않았다.

영업하면서 자리도 잡았고 급여도 안정됐다. 소득이 꾸준하게 늘었고 일에 재미도 붙었다. 투자하면 그대로 이득을 보았다. 그렇게 30대 중반으로 접어들었다. 안산 아파트를 팔고 인천 부평구 삼산동 21평 아파트를 4천만 원을 투자해 갭 투자로 샀다. 친구에게도 투자를 권유했다. 적은 평수는 세금도 많지 않아 투자가 쉬웠다. 작은언니에게 선물을 하고 싶었다. 같은 부모 아래 작은언니와 나는 동지였다. 고통 분담을 나눠서 했고 서로 지지했다. 내가 엄마로 인해 힘들어할 때마다 언니가 큰 힘이 되어주기도 했다. 그간 함께 전우로 고생해 준 작은언니와 마음을 나눈다는 개념도 좋았다. 내가 갭 투자로 산 소형아파트를 언니에게 선물했다.

이혼 10년 차가 되었다. 대한민국 중년 남자 중 가족과의 관계에 어려움을 느끼는 사람들이 종종 있다는 기사를 본 적이 있다. 기사를 읽으며 공감이 되었다. 가장으로 살면서 나도 모르게 무뚝뚝해졌다. 가족들과 함께 있는 공간이 답답했다. 늦게까지 일하고 집은 잠만 자는 공간이 되었다. 2013년, 그맘때 나는 일부러 더 밖으로 나돌았다. 가족들 사이에서 이방인 같았다. 마음에 창살이 생겨 스스로 갇혔다. 가족들과 떨어지는 게 좋겠다고 생각하게 되었다.

혼자만의 공간이 절실했다. 가족으로부터 분리되어야 살 것 같았다. 친구가 산 집에 세입자를 구해야 하는 시기라서 삼산동 49㎡인 집에 월세 세입자로 들어갔다. 내가 나를 위해 사용한 돈으로 가장 사치스러운 금액이었다. 각 집의 생활비, 월세, 공과금 등으로 지출이 늘었다. 그래도 마음이 편했다. 가족들과 떨어져 있으니 가족을 대하는 마음도 다시 편안해졌다. 쉬는 날 집에서 쉴 수 있다는 걸 알게 되었다. 49㎡ 공간이 모두 나의 공간이었다. 휴일에 밖으로 나가지 않아도 집에서 책 읽고 차를 마시며 빈둥거릴 수 있었다. 집이라는 나만의 공간으로 여행을 온 것 같았다.

오롯이 내 공간을 만끽했다. 놀거리도 새롭게 찾았다. 한가롭게 집에서 핸드폰으로 인터넷도 누볐다. 그러다 인터넷 카페 모임을 몇 개 가입했다. 여행, 취미에 관한 카페들이 즐비했다. 그리고 싱글 모임을 알게 되었다. 새로운 장소에서 일과 단절된 사람들을 만나는 건 신세계였다. 사람들은 자유로워 보였다. 이혼한 사람들도 많고 3, 40대에 싱글들은 나름대로 여유로워 보였다. 매일 보던 사람들이 아닌 새로운 사람들을 만나서 새로운 이야기를 만들어가는 게 즐거웠다. 그러다가 여행하며 글을 쓴 사람들을 접하게 되었고 미뤄 두었던 여행을 하게 되었다.

2014년 그렇게도 바라던 여행을 준비했다. 한편 아들이 걱정되었다. 그러나 오랫동안 미뤄 둔 여행지를 또 미룬다면 영영 내 인생에 유럽 여행은 없을 것 같았다. 회사에 상황을 이야기하고 포기할 부분들은 포기해야 했다. 팀장 자리를 내려놓는 것이 조금 마음이 쓰였지만, 수년간의 꿈에 비할 바는 아니었다. 한 달 동안의 유럽 여행은 다른 해외여행과 다른 의미였다. 유럽 여행은 14살 때부터 꿈이었던 여행지다. 반드시 그곳을 가야겠다는 생각이 확고해졌다.

자유 여행사에서 마련해 준 내용은 시간이 지난 지금 생각해도 참 감사하다. 초심자를 위해 혼자 다닐 수 있도록 루트를 짜주었기 때문이다. 처음이라 뭐가 뭔지 몰랐을 때라서 비행기 표뿐 아니라 루트와 일정을 짜주고 지역마다 랜드마크도 표시한 서류를 주었다. 숙박과 유레일패스, 밤에 기차를 타야 하는 코스에는 쿠셋도 예약해 주었다. 일정 변경은 미리 원한다면 할 수 있었다. 나는 유럽이 처음이라서 여행사에서 짜준 코스대로 다녔다. 다만 현지에서 시간을 활용할 수 있을 때만 일정을 조정했다. 여행 비용은 1천만 원 정도로 계획했는데 8백만 원 정도가 들었다. 한 달 치 생활비까지 필요했으므로 1천3백만 원이란 거금을 소비했다.

49㎡라는 나만의 공간은 나를 아끼고 사랑하는 마음을 낼 수 있게 자존감을 일깨워 준 나만의 공간이었다. 그 시절 나에게 필요한 공간이었다.

새소리로 아침을 맞이하는
84㎡

    친구들과 동업한 장소가 부천 범박동이었다. 당시 명태조림 음식점에 친구들과 우연히 밥을 먹으러 갔었다. 맛있었다. 세무사 공부를 그만둔 때라서 무언가 새로운 투자를 모색했었다. 친구들과 농담처럼 말하다가 동업하게 되었다. 가게를 구하다가 부천에서는 아직 한적한 장소인 범박동으로 정해졌다.

    범박동 바로 옆이 부천 신도시인 옥길동이라서 한참 개발 중이었다. 우리가 식당을 오픈했을 때만 해도 음식점이 별로 없었을 때다. 음식점은 가맹점 문의를 통해서 진행이 빨랐다. 아직 명태조림 음식점이 많지 않을 때라서 시기도 적절했다. 음식을 할 사람이 필요했는데 동업한 친구의 남편이 주방장을 맡아주기로 했다.

개업식을 했을 때 나는 오정동에 살고 있었다. 6개월 동안 출퇴근했는데 부천은 지역이 작은 곳인데 부천 끝에서 끝이라 30분 정도 이동 시간이 소요됐다. 음식점 근처에 아파트 시세를 알아보니 이사를 할 수 있을 것 같았다. 내게 처음으로 인연이 된 오정동 임대 아파트 가격도 분양받은 금액 대비 1억 정도가 오른 상태였다.

개발 호재나 경제적인 측면을 먼저 고려하는 게 맞지만 살다 보면 감정이 우선할 때가 많다. 대장동과 인접한 오정동은 좋은 투자처였다. 그런데 나에게 안 좋은 추억이 있는 곳을 떠나고 싶었다. 이사를 결심하고 범박동에 아파트를 보러 다녔다. 긴 운전을 마치고 도착한 곳. 도로 끝자락에 자리한 아파트가 눈에 들어왔다. 그곳엔 따뜻한 불빛이 새어 나오고 있었고, 마치 나를 기다리고 있던 집처럼 느껴졌다. 바로 앞에 스타필드가 입점할 예정이라서 더 마음에 들었다.

아파트 단지에 특징이 있었다. 보통 아파트 유형이 몇 가지 없는데 A부터 F형까지 여러 가지 타입이 있었다. 매물이 있는 타입은 모두 보았다. 유형별로 특색이 있어서 어떤 집이 좋다고 결정할 수는 없었다. 다만 개인의 취향이 선택하는 데 더 크게 작용했다. 나는 옛날 사람이라서 그런지 전통적인 유형의 집이 마음에 들었다.

세 식구가 84㎡ 범박동 아파트에 입성했다. 오빠 아들(조카)이

곧 군대 갈 예정이라서 우리 집에 와서 지내라고 해 놨다. 32평 아파트는 뭔가 달라 보였다. 24평과 똑같이 방 세 개 화장실 두 칸인데 방과 거실 크기가 확실하게 차이가 났다. 널찍한 방과 거실이 무척 마음에 들었다.

새로운 집의 안방은 작은 베란다를 품고 있었다. 그곳에 서면 바람에 흔들리는 나뭇잎과 아침 햇살에 부서지는 작은 산이 보였다. 새소리에 눈을 뜨는 아침, 공기 속에 섞인 자연의 향기가 마음 깊숙이 스며들었다. 높은 산이 아닌데 밤에는 동물 소리도 났다. 어떤 동물 소리인지 궁금했지만 확인할 길이 없었다. 환기하려고 문을 열어 놓으면 청량한 공기가 집안으로 담뿍 들어왔다.

친구들이 우리 집에 왔다. 친구 영이는 내가 살았던 집을 모두 와봤는데 자기도 모르게 중얼거렸다. "어이구, 이제 집 같은 곳에서 살겠네."

이사 후 크게 달라진 게 몇 가지가 있다. 단잠을 자게 됐다. 두통이 없어졌다. 그리고 아침마다 새소리를 듣고 잠에서 깼다. 공기가 좋아서 자주 환기를 시켰다. 안방과 연결된 베란다에 의자를 놓고 자주 그곳에서 커피를 마셨다. 가게를 오가는 것도 수월해졌다. 음식점에서 집까지 거리가 5분 정도였다.

아들 방에 침대를 놓고 책상을 놓아도 방이 훤해 보였다. 아들에게 밥을 해주는 주체가 내가 되었다. 엄마랑 같이 살 때는 엄마가 음식을 해주셨기 때문에 내가 음식을 하는 건 특별한 날뿐이었다.

아들이 중학생이 되니 확실히 청소년이라 조심스러웠다. 워낙 이른 나이인 9살 때 사춘기를 보냈기 때문에 신경이 쓰였다.

아들은 중학생 때는 공부를 해야 한다는 약속을 지켰다. 학교, 학원, 집 다람쥐 쳇바퀴 같은 생활이 되었다. 중학교 1학년 첫 시험 때 교과목 시험 성적 중 영어 점수가 3점이었다. 10점 만점이 아니라 100점 만점 시험이었다. 아들에게 어떻게 말해야 할까 한참 고민 끝에 물어봤다. "아들, 혹시 시험 문제 풀었니?" "엉" 아들이 대답했다. "그렇구나, 한 번호로 찍었으면 점수는 더 나왔겠지만, 자세가 좋구나." 며칠 더 고민 끝에 학원을 옮겼다. 그리고 중학생 때는 반드시 공부하겠다고 약속했던 내용을 다시금 상기시켰다. 학원을 옮긴 건 잘한 일이었다. 성적이 급격하게 올랐다.

중학교 3학년이 된 아들의 성적은 꽤 괜찮은 수준까지 올라왔다. 왜 그렇게 부모들이 사교육에 열성을 다하는지 알 것 같았다. 수학, 과학은 확실히 성적 개선이 빨랐다. 국어와 영어는 다소 더디게 개선됐지만, 성적이 꾸준하게 올라서 보통을 유지했다. 그런데 아들이 불현듯 대학은 안 가겠다고 선언했다. 고등학교도 특성화 고등학교를 가겠다고 했다. 아들의 결정을 존중하지만 그래도 한 번은 만류했다. 아들은 완고했다. 결국 아들은 특성화 고등학교에 입학했다. 온수역 근처라서 집에서 아주 멀지 않은 건 다행이었다.

내가 살았던 집들 중 가장 마음에 들었던 곳은 단연 범박동 집이었다. 조용하고 공기 좋고 마음이 편한 곳이었다.

오정동 집에 살 때는 자주 가위에 눌렸었다. 이유는 알 수 없다. 마음이 불편해서였는지 풍수지리와 상관있었는지 모른다. 범박동은 부천 평균 기온에 비해 기온이 더 낮은 곳이었다. 기온 차이가 공기에 어떤 영향이 있는지는 알지 못한다. 그저 내가 느낀 건 바람 냄새가 좋았다는 점이다.

거주 목적으로 범박동이 좋았던 것과 다르게 투자 목적으로 만족스럽진 못했다. 6년 동안 보유한 부동산 중 가장 낮은 수익을 냈다.

위기와
기회

인생의 위기는 마치 예고 없이 몰아치는 폭풍우처럼, 이미 위태로운 상황 위에 또 한 번의 재난의 파도가 덮쳐온다. 부업으로 돈을 벌려다가 오히려 손해를 봤다. 그 모든 일들이 30대 후반에 몰아쳤다. 첫 번째 냈던 음식점으로 돈을 벌었다. 그러나 두 번째로 낸 음식점에서는 개업과 폐업으로 세 명이 투자한 2억여 원이 1년 이내에 사라졌다.

이후 나는 가게를 모두 정리하고 주식투자를 했다. 적은 금액이 아니라서 TV에 나오는 전문가의 강의를 듣고 전문가의 지시에 따라 투자했다. 착실하게 따라 한 결과 1억 원이 7천만 원으로 다시 5천, 3천만 원으로 서서히 줄었다.

재혼 후 시댁의 생활비를 고스란히 책임지고 남편의 빚을 갚느라 지출이 늘었다. 이혼까지 3년의 세월이 지났을 뿐인데 과도한 지출은 고스란히 자산을 줄어들게 했다. 그렇게 끝일 줄 알았다. 그러나 추락은 끝없이 이어졌다. 네트워크 비즈니스로 몇 년 동안 열성을 다했지만, 성과가 없었다. 그로 인해 자산이 줄었다.

40대가 되었다. 새로운 상황을 만들기 위해 노력했지만, 늪에 빠진 것처럼 허우적거렸다. 그대로는 안 되겠다는 마음에 투자하기로 마음먹었다. 부동산 시장은 몇 년 동안 정체되어 있었고 꿈틀거리는 움직임이 포착되고 있었다. 기회를 잡기 위해 집을 보러 다녔다. 집을 내놓고 투자할 집을 계약했다. 그때 코로나가 터졌다. 그리고 전 재산을 앗아갈 수 있는 보이스 피싱에 덜미를 잡혔다.

억울했다. 돈에 휘둘리는 건 30대까지로도 충분한데 세상의 풍파가 거셌다. 40대가 된 후, 돈이 사라지자 바닥이 무너지는 것같이 움츠러졌다. 돈이 나를 흔들어댔다. 몸도 마음도 흔들렸다. 그러나 흔들거리는 그 진동의 힘을 부여잡고서라도 다시 일어서리라 마음먹었다.

신용 불량이 등재됐다. 고작 40여만 원이 신용 불량으로 등재된 내용이다. 핸드폰 기기값이 서울보증 보험으로 넘어가면서 연체정보가 공유됐다. 40만 원 정도를 마련하는 건 어려운 일은 아니었다.

그러나 렌털 건으로 민사사건이 진행 중이라서 갚을 수가 없었다. 보이스 피싱 관련된 내용을 하나씩 갚게 된다면 결국 렌털 건도 갚게 될 것 같았다. 신용 카드가 막혔다. 신용 카드를 쓰지 못하게 되자 자주 곤란한 상황이 발생했다.

현금 자산에도 문제가 생겼다. 주식으로 손해 봤던 돈을 모두 코인에 투자했다. 코인이 떨어진 것이 기회 같았다. 이전에도 그랬듯이 반등이 올 것 같은 기대감이 있었다. 코인으로 현금 자산을 옮겼기 때문에 자주 돈을 뺄 수가 없었다. 그때그때 팔아서 현금을 마련하자니 수수료 나가는 게 아까웠다. 그래서 한 달에 한두 번 날을 잡아 돈을 찾기로 했다. 그런데 막상 신용 카드가 막히자 현금이 없는

것이 참기 힘들 만큼 불편했다. 자동차를 가지고 길을 나섰다가도 기름이 없어서 걱정하는 일이 생겼다. 그럴 때마다 작은언니에게 도움을 청했다. "언니 나 5만 원만 빌려줘 15일에 갚을게" 언니는 다른 말 없이 바로 송금해 줬다.

수중에 단돈 만 원이 없어서 커피를 못 사 먹는 날도 있었다. 슈퍼에 가서 우유를 한참 보다가 그냥 나왔다. 생각해 보면 어이없는 일이다. 나이 40이 넘어서 이런 일을 겪는다니. 그러나 그게 나의 현실이었다. 19살에 일을 시작해서 돈을 안 번 적이 없다. 평균적으로 남들보다 적게 벌지도 않았다. 게으름을 피워 본 적이 없다. 그런데 결과가 그랬다. 넋 놓고 있을 수만은 없었다. 현실을 직시하고 미래를 다시 설계하기로 했다.

정신을 가다듬고 나의 재산을 확인했다. 나에게 남은 자산은 순자산 1억 원만이 아니었다. 늘 있었지만 외면한 자산, 가족이 있었다. 미워하고 가슴 아팠던 가족. 함께하고 떨어져 살기도 했던 가족. 책임과 의무에 늘 조바심을 냈던 가족. 서로 아끼고 보듬어 줄 가족. 가족들에게 도움을 부탁했다. 가족들 덕분에 위기 속에서 기회의 빛을 따라 암울하고 힘든 미로를 빠져나갔다.

'투자하자' 마음먹고 가장 잘 알고 자신 있는 걸 알아봤다. 부동산. 순자산 1억여 원으로 투자할 곳을 찾았다. 순자산 1억여 원은 다름 아닌 집 시세에서 담보 대출금을 뺀 금액이다. 그대로 깔고 앉아 있으면 별 효력을 내지 못할 주거지인 집 하나가 전부였다. 전세가와 매매가가 별반 차이가 없었다. 전세를 주고 담보 대출을 갚았다. 그리고 내가 살 집은 월세 집을 구했다. 현금 1억이 생겼다. 투자에 나섰다. 전 재산을 걸고 앞으로의 10년을 계획했다. 40년 동안 쌓은 지식을 총동원하고 가족과 인맥을 총동원했다.

5

부동산 투자로
겪은 경험

종잣돈
마련하기

----

1. 날아오는 모든 공에 스윙을 할 필요는 없다. 홈런이나 장타를 칠 수 있는 좋은 공이 날아올 때까지 기다려도 된다. 왜냐하면 투자에는 스트라이크 아웃이 없기 때문이다. 문제는 자산 관리를 하고 있을 때 관중들이 스윙을 하라고 소리를 지른다. 하지만 그것을 억제할 수 있어야 한다.

2. 잭팟을 터뜨렸다고 말하는 사람들을 부러워해선 안 된다. 이것이 성공적인 투자의 핵심이다.

3. 나는 넘지도 못할 7피트의 장대를 넘으려고 애쓰지 않는다.

나는 내가 쉽게 넘을 수 있는 1피트의 장대를 주위에서 찾아본다.

4. 주식 시장은 인내심 없는 사람의 돈을 인내심 있는 사람에게 이동시키는 도구이다.

5. 다른 사람들이 욕심을 부릴 때 두려워하라. 다른 사람들이 두려워할 때 욕심내라.

6. 폭우를 예상하는 것은 중요하지 않다. 하지만 노아의 방주를 만드는 것은 중요하다.

7. 명성을 쌓는 데는 20년이란 세월이 걸리지만, 명성을 무너뜨리는 데는 5분이 채 걸리지 않는다. 이 사실을 명심한다면 당신의 행동이 달라질 것이다.

8. 대부분 사람은 남들이 주식에 관심을 보이고 있을 때 흥미를 갖곤 한다. 하지만 주식에 관심을 가져야 할 때는 아무도 거들떠보지 않을 때다. 평소엔 인기도 있으면서 잘 나가는 주식은 살 수 없기 때문이다.

9. 위험은 자신이 무엇을 하는지 모르는 데서 온다.

10. 잠자는 동안에도 돈이 들어오는 방법을 찾지 못한다면, 당신은 죽을 때까지 일해야만 할 것이다.

- 워런 버핏 명언

워런 버핏은 대표적인 투자가이다. 그의 명언은 실제 투자해 본 사람들에게 진리가 된다. 이유는 실패한 투자를 했을 때 비로소 무룔을 치게 되기 때문이다. 투자하지 않으면 아무리 훌륭한 조언도 깨닫기 어렵다. 스쳐 지나가듯 눈으로 읽는 명언은 결코 내 것이 되지 않는다. 투자에 실패했다고 두려워할 필요는 없다. 실패의 경험이 다음 투자를 성공시킬 거름이 되기 때문이다. 그렇기에 처음부터 투자 금액을 '올인'하면 안 된다.

부자가 되려면 자기 자신의 몸값을 올리는 것이 중요하다. 자신의 몸값을 올려서 부자가 된 사람들은 체육인, 연예인, 정치인, 공인 등 대중매체에서 흔히 볼 수 있다. 그들은 오랜 시간 노력하고 자기 신체 능력 혹은 자신의 타고난 재능을 펼치고 기량을 끌어 올리는 데 최선을 다한다. 물론 타고난 재능이 있다고 해도, 시대를 잘 타고나는 게 중요하다. 제아무리 개인의 능력이 출중하다고 해도 시대와 지역을 잘 타고나야 재능을 펼칠 기회가 제공되기 때문이다. 운칠기삼이라는 말이 괜히 있는 게 아니다. 물론 나도 이 시대, 이 나라에 태어난 것을 나의 가장 큰 복이라고 생각한다.

비단 유명인뿐만이 아니다. 부자가 되려면 자신의 능력을 키우는 것은 중요하다. 사업가, 창작자, 발명가, 자영업자, 사회 활동가, 의사, 법조계 종사자, 직장인, 교육자, 종교인마저도 개인의 능력이 성공이나 부와 밀접한 관계가 있다. 그렇기에 부자가 되려면 자기 능력을 고취하는 일은 첫 번째 덕목이다.

또한 부자가 되려면 워런 버핏의 명언 중 10. 잠자는 동안에도 돈이 들어오는 방법을 찾지 못한다면, 당신은 죽을 때까지 일해야만 할 것이다. 이 부분을 해결해야 한다. 시스템 소득, 자산소득, 투자소득, 저작권 등을 만들어야 한다는 뜻이다. 만약 나는 평생 땀 흘린 돈만이 정직하고 가치 있다고 느낀다면 그렇게 하면 된다. 평생 일하면서 돈을 벌면 된다.

내가 선택한 방법은 투자하는 것이다. 남들이 모두 인정하는 부자는 못 돼도 상관없다. 내가 생각하는 부자가 되면 된다. 내가 생각하는 부자는 나를 사랑하고 내 가족들을 챙기고 내 사람들을 챙기는 수준의 돈이 있으면 된다. 나는 나의 사람을 챙기는 일에 조금 과장되게 표현해서 피땀을 흘리며 번 돈을 썼었다. 노동 수입으로 번 돈이 계속해서 밑 빠진 독에 물 붓기 형식으로 빠져나가곤 했다. 그런 시간이 오랫동안 지속되자 나는 고장 나기 시작했다. 그래서 잘못된 선택을 하기도 했다. 그래서 결심했다. 내가 사랑하는 사람들을 기꺼운 마음으로 챙길 수 있도록 투자를 통해 돈을 벌겠다고.

투자하려면 종잣돈이 필요하다. 종잣돈을 만드는 건 아주 쉽다. 돈을 벌고 저축하면 된다. 먼저 목적 자금을 설정하고 기간을 설정한다. 매달 얼마의 돈을 저축하면 몇 년 후 얼마의 돈을 만들 수 있는지 반드시 정한다. 그리고 그 돈을 저축한다. 저축할 정도의 돈을 벌지 못한다면 더 많은 돈을 벌기 위해 시간을 내거나 머리를 쓰거나 자신만의 방법을 만들어야 한다. 반드시 매월 설정된 돈을 저축한다. 그것이 첫 번째다.

첫 번째 종잣돈을 만드는 건 예외가 없다. 투자란 돈으로 돈을 벌게 하는 방법이다. 종잣돈은 나를 대신하는 아바타를 만들어 돈을 벌게 해 주는 존재를 만드는 것이다. 사족은 필요 없다. 지출 금액이 많다면 줄이면 된다. 웬만한 지출은 줄여도 사는 데 지장이 없다. 자신의 지출 목록을 작성해 보자. 삶과 죽음과 상관없는 지출이라면 줄여도 된다. 종잣돈을 만드는 기간이 길수록 괴로움이 클 수 있으니 종잣돈을 만드는 기간은 짧으면 짧을수록 좋다. 그런데도 도저히 줄일 수 없는 지출들이 많다면 돈을 더 벌면 된다. 돈을 더 벌어서 반드시 저축을 시작해야 시간이 흐른 후 종잣돈이 만들어진다.

나도 처음에는 저축으로 종잣돈을 만들었다. 그 돈으로 처음 투자한 것이 임대아파트 계약금이었다. 그리고 두 번째 종잣돈으로 갭투자로 집을 샀다. 30대에는 종잣돈을 마련하기 위해 신용 대출을 받았다. 그리고 대출액은 신용 회복으로 나누어 상환했다. 종잣돈으로 투자했고 매월 돈이 돈을 벌어 주어 생활비에 보탰다.

40대 이후 나는 종잣돈을 이사로 만들었다. 이사로 종잣돈을 만든 건 여러 번이다. 부천 범박동 집을 월세로 놓고, 월세 집으로 이사했다. 이사한 집은 상가건물로 다세대 건물이었다. 매월 수도세, 전기세가 10만 원을 넘지 않았다. 이사 전 아파트에 살 때 관리비가 30만 원 이상이 나왔는데 이사 온 집 월세가 30만 원이었다. 내 집을 월세로 주면서 월세 보증금은 목돈으로 종잣돈이 되었다. 종잣돈은 나를 대신해 일하도록 투자했고 매달 세입자에게 받는 월세도 새로운 수입이 되었다.

2020년 보이스 피싱으로 파산 위기가 되었을 때도 나는 이사하며 종잣돈을 만들었다. 서울 서대문구 집을 전세로 내놓고 전세 보증금을 받아 담보 대출을 갚았다. 보증금과 월세가 적은 집을 구했다. 그게 전부다. 차액이 생겼고 그 돈으로 투자를 시작했다. 보이스 피싱을 당해서 경찰서를 찾아다닐 때다. 잘못하면 파산을 할 수도 있는 위기에 처했을 때 내가 선택한 건 종잣돈을 만들어 정신없는 나 대신 돈에게 일을 시키는 것이었다.

종잣돈을 만들겠다고 다짐한 당신에게 꼭 당부할 게 있다

가장 먼저 할 것은 종잣돈 얼마를 만들 것인지 결정하는 것이다. 나의 예를 들어 보면 나는 종잣돈으로 3천만 원을 만들었다. 그렇다면 3천만 원을 언제까지 모을 것인지 정한다. 만약 3년 동안 모은다면 1년에 1천만 원씩 모으면 되고, 한 달에 83만 원 저축하면 된다. 한 달에 83만 원을 저축할 돈이 없으면 어떻게 하면 될까? 그렇다면 욕심을 줄이면 된다. 기간을 늘려보자. 5년으로 하면 매월 50만 원, 7년은 매월 35만 원, 10년은 매월 25만 원만 저축하면 된다.

20대에 돈을 못 모은 건 그럴 수 있다. 그러나 30대에도 돈을 못 모았다면 그건 반성할 일이다. 20대부터 돈을 벌었다면 매월 25만 원 저축하는 게 어려운 일이었을까? 그러나 실망하거나 자책할 필요도 없다. 현재 자신이 40대이건, 50대이건, 6, 70대 이상이더라도 상관없다. 인생이 생각보다 정말 길다. 7년만 매월 35만 원씩 모으면 종잣돈 3천만 원을 만들 수 있다. 3천만 원을 모으면 돈으로 일을 시킬 수 있는 재테크를 시작할 수 있다.

매월 35만 원이 어렵다고 생각한다면 조금만, 진짜 솔직하게, 생각해 보자. 하루에 12,000원이다. 저축을 최소 은행에만 하더라도 이자가 발생하기 때문에 하루에 1만 원씩만 꾸준히 저축해도 7년이면 종잣돈 3천만 원을 만들 수 있다. 하루 1만 원의 저축이 어렵다면 자신의 소비를 반드시 확인해 보길 권한다. 출퇴근을 어떻게 하는지, 점심은 뭘 먹는지, 술이나 담배를 하지 않는지, 커피를 마시는지, 신용 카드를 사용하는지 지금 당장 점검하자.

지출을 줄일 방법은 너무 많다. 나는 19살부터 일하기 시작했고 돈을 벌었다. 그러나 29살까지 내가 모은 돈은 0원, 전혀 없었다. 10년 넘게 내가 만들지 않은 빚을 갚는 것에만 집중했다. 그리고 이혼하고 나서야 2년 만에 종잣돈을 만들었다. 그러나 빚을 갚은 시기가 헛된 건 아니었다. 그 시기에 나는 지출을 통제하는 개념이 확실하게 잡혔다.

빚을 갚는 기간이었던 20대 동안, 더 정확히 말하면 아이를 낳은 후 6년 동안, 나는 미용실을 다니지 않았다. 미용실을 안 갔더니 머리가 자랐고 자란 머리가 지저분해서 묶고 다녔다. 500원짜리 검정 고무줄 하나도 산 적이 없다. 회사 비품인 노랑 고무줄을 이용했다. 고무줄 하나 안 샀는데 옷, 신발을 산다는 건 생각조차 하지 않았다. 소비뿐 아니라 외식은 극히 드물었고, 집에서 음식을 할 때도 가장 저렴한 재료를 찾아서 반찬을 만들었다. 회사엔 도시락을 싸서 다녔다.

저축할 돈과 저축 기간이 확정되었을 때 나는 소비를 줄이려고 가장 먼저 신용 카드 대신 체크카드만 사용했다. 그리고 반드시 나가야 하는 양육비, 대출 원리금, 월세, 보험료 등을 제외하고 저축을 먼저 했다. 그리고 남은 돈으로 생활했다. 인내의 기간은 짧으면 짧을수록 좋다. 길수록 지칠 수 있기 때문이다. 그런데 이도 저도 아무것도 안 된다면 우선 하루 1만 원이라도, 진짜 딱 1만 원이다. 무조건 만 원을 저축하자. 오늘 하루만 하는 게 아니라 매일매일 반드시 하자. 이것이 내가 했던 금융강의의 기본이었다.

☑ 종잣돈 만드는 TIP

① 자산이 없다.

- 저축할 돈을 번다.

- 목적 자금 설정을 후 저축한다.

- 저축하고 남은 돈으로 생활한다.

- 목적 자금을 만드는 동안 투자와 관련된 공부를 한다.

- 절세 방법은 종잣돈을 만들 때 숙지한다.

② 자산이 있다.

- 자산을 활용한다. 자신에게 어떤 자산이 있는지 확인하고 활용 방법을 모색한다.

- 불편을 감수한다. 자산을 활용하려면 편리, 편안함은 잊어야 한다.

- 목적 기간 동안 목적한 돈을 만든다.

☑ 종잣돈 만든 후 투자 TIP

① 현재 자산이 최선인지 점검한다(재정 관리의 기초).

② 원금을 잃어버리지 않는다(리스크 관리).

③ 당연한 지출은 없다. 지출을 줄일 방법을 찾는다(비용 관리).

④ 이자가 있는 돈을 차입했다면 수익률을 계산할 때 이자도 원금에
포함한다(레버리지).

⑤ 투자에 실패하거나 만족스럽지 못하더라도, 실패한 원인을 파악하고
더 좋은 투자를 한다 (권토중래, 칠전팔기).

역전세[5]

위기에 기회도 있었다. 절박한 마음으로 투자를 시작했는데 부동산이 계속 오르고 있었다. 투자에 재미가 들었다. 당시 아파트 한채를 사는 데 필요한 돈은 3천만 원 미만이었다. 작은언니에게도 집을 하나 더 사라고 했더니 언니는 2천만 원을 투자하기로 했다. 먼저매매 계약을 한 상태에서 전세 세입자를 맞출 계획이었다. 전세 세입자를 구하는 건 쉬운 일이라서 계약과 동시에 세입자를 찾기로 했다.

---

5 전세 재계약 시 전세가 하락으로 돌려줘야 될 돈이 과거 전세금보다 많은 경우.

선택한 매입 매물은 50평형대 아파트로 전용면적이 잘 나와서 60평형대처럼 넓고 좋았다. 해당 아파트에 매물이 몇 개 더 있었지만 인테리어가 잘 된 집이라서 더 가격을 주고 사도 괜찮을 것 같았다. 깨끗하고 넓은 집이 퍽 마음에 들었다. 엄마와 언니도 집을 보러 왔다. 그런데 엄마가 그 집을 보더니 마음에 들어 하셨다. 마음에 들어 한다는 게 무슨 문제인가 싶지만, 문제가 발생했다. 엄마가 집이 넓고 좋다며 이런 집에 들어와서 살고 싶다는 말을 계속했다.

그즈음 내가 1년 전에 갭 투자로 산 집의 세입자가 이사하게 되었다. 부동산 매매가격보다도 전세 보증금이 더 올랐을 때다. 당시 전세 보증금은 1년 전보다 7천만 원 정도가 올라가 있었다. 새로운 전세 세입자도 쉽게 구해졌다. 내게 7천만 원의 여윳돈이 생겼다. 막상 여윳돈이 생기게 되자 고민이 깊어졌다. '엄마의 바람을 들어 드리는 게 맞나?' 그러나 50평 아파트의 실제 주인은 언니였다. 그리고 내 모든 돈을 다 쏟아 부어야 가능할 터였다.

엄마는 부천에서 작은언니와 살고 있었다. 나는 아들이 군대에 간 상태로 파주 법원리에 월세 집을 살 때였다. 내가 사는 집도 정리하고 언니가 사는 부천 집도 정리해서 합가한다면, 그리고 내가 가진 모든 돈을 모은다면 새로 구매한 집으로 이사할 수 있었다. 산 집에 대해 근저당 대출도 최대한도로 받아야 했다. 그 모든 것들이 가능할 수 있을까? 언니는 부천에서 강남 서초로 출퇴근할 때인데 이사를 하면 파주에서 출퇴근해야 하는데 가능할까? 모든 것이 불확실한 상태에 나는 작은언니와 먼저 상의했다. 그런데 여러 가지 악조건에도 불구하고 언니가 동의했다. 그리고 엄마도 대찬성하면서 우리는 파주 금촌 50평 아파트에 합가를 강행했다.

합가 후 1년 정도가 지나갔다. 그간 부동산의 흐름도 바뀌었다. 고공행진이 계속되자 부동산 규제책이 계속해서 나왔다. 결국 균열이 생기기 시작했다. 부동산 거래가 줄어들었고 시간이 지남에 따라 매매 절벽이 나타났다. 얼마 지나지 않아 부동산 매매가 없어진 것뿐만 아니라 전세금에도 영향을 미쳤다. 그리고 예상치 못한 문제들이 뉴스에 등장하기 시작했다.

'빌라 왕'이라는 새로운 단어가 나오고 전세 사기가 연일 뉴스를 장식했다. 전세 세입자들이 불안해하면서 전셋값에 직격탄을 맞았다. 전세금이 끝없이 가라앉았다. 기존 세입자들의 만기일이 다가오고 있었다. 불과 1년도 안 돼서 분위기가 완전히 바뀌었다.

뉴스를 장식하는 이슈들은 그저 남의 이야기가 아니었다. 내게도 위험신호가 켜졌다. 만기가 돌아올 전세 세입자가 이사하겠다고 전세금을 빼달라고 연락이 왔다. 갭 투자로 산 집이라서 전세금을 빼주는 게 쉬운 일이 아니었다. 전세 만기가 줄줄이 돌아올 터였다. 3억 3천만 원의 전세, 3억 원, 5억 4천만 원, 2억 2천만 원 줄줄이 이어지는 전세 만기자들이 조바심을 냈다. 나는 새로운 전세 세입자를 찾거나 보증금을 내려주거나 방법을 찾아야 했다.

공인중개사

나는 부동산 투자를 할 때 특히 중요하게 생각하는 사람이 있다. 바로 공인중개사들이다. 집을 살 때도 세를 내놓을 때도 집을 팔 때도 모두 그분들의 도움이 필요하다. 그래서 보통 해당 아파트에 공인중개사분들 중 한두 분 정도는 관계를 꾸준하게 유지하려고 한다. 역전세로 위기가 왔을 때도 나는 공인중개사분들의 도움을 많이 받았다.

집을 살 때는 좋은 집을 싸게 사는 게 가장 좋다. 집을 팔 때는 높은 가격을 받는 게 좋다. 거래하려고 하는 집에 내가 살고 있다면 집을 보여주는 건 쉬운 일이다. 그러나 갭 투자의 경우는 이미 그 집에 사는 세입자가 있어서 세입자의 도움도 필요하다. 세입자의 적극적인 도움 없이는 집을 내놓는 게 큰 난관이 된다. 세입자와의 관계를 부드럽게 해주기 위해 공인중개사분들이 힘을 써주기도 한다.

부동산 투자에 있어서 공인중개사의 역할은 크다. 다행히 나와 잘 맞는 공인중개사를 선택할 자유가 바로 나에게 있다. 그래서 나는 매입할 곳의 공인중개사를 선택할 때 몇 가지를 고려한다. 금액에 맞는 투자할 만한 주택을 여러 건 보여주는지, 자신의 물건만 강조하는지 알아본다. 해당 집에 대한 시세뿐 아니라 인근 개발 내용도 꼼꼼히 점검해 주는지 대화해 본다. 교통 호재, 개발 사항, 주변 토지 시세에 대해서도 해박하면 좋으므로 지역 소식을 여쭙는다. 법 관련 조항, 세금이나 대출 규제에 관해서도 이야기를 나눈다.

말 그대로 중개를 하는 분들이니 관심과 존중으로 그들을 대한다. 나에게만 유리한 입장에서 편들어 줄 수 없는 분들이다. 중개사는 당연히 계약 당사자 상호 간의 협의를 이끌어 주시는 분들이다. 그러나 사람이 사는 세상에 마음을 더 써주고 싶은 사람이 생긴다는 건 당연한 이치다. 그렇기에 그분들과 친해지고 신의와 선의를 지키려고 노력한다. 부동산 투자를 하려면 당연히 공인중개사분들의 도움을 받아야 한다. 집을 매입할 때, 보유할 때, 팔 때까지 그분들과의 관계가 중요하다.

금촌 집을 샀을 때 입주할 때 돈이 부족했다. 대출한도가 더 나올 것이라고 예상했는데 대출이 막히면서 잔금이 부족하게 되었다. 이때 거래한 부동산 사장님께서 돈을 융통해 주셨다. 정식으로 차용증을 쓰고 이율을 정해서 매달 이자를 드리기로 했다. 1년 정도 후에는 다른 곳에서 돈이 나올 것으로 생각해서 근저당 설정을 하고 돈을 융통했다. 비교적 낮은 이율의 사채를 이용하게 되었다.

역전세로 말 그대로 나에겐 큰일이 발생했다. 기존 세입자는 자신의 보증금이 현재의 시세보다 더 많은 것을 알기에 예민하게 반응했다. 그들의 반응은 당연하고 명확하다. 자신의 보증금을 돌려받고 싶은 것이다. 만기가 됐으니 보증금을 받아서 이사할 계획이거나 이사를 원치 않더라도 보증금을 시세 대비 재계약하기를 원한다. 집주인인 나는 선택의 여지가 없다. 새로운 세입자를 구하거나 차액이 되는 돈을 마련해야 한다.

문제가 발생할 때는 도미노처럼 이어져서 발생한다. 그러나 먼 앞날까지 걱정할 여력이 없었다. 여윳돈을 넉넉하게 가지고 있다면 간단하지만, 나에겐 여윳돈이 없었다. 마련해야 할 돈을 생각해 봤다. 단위가 1, 2천만 원이 아니라 큰돈인 게 문제였다. 나는 우선 한 개의 집에 집중하기로 했다. 미리 계획을 세울 수도 없었다. 시세가 변하고 있어서 금액이 확정되지도 않았다.

공인중개사님께 나의 상황을 말씀드리고 상담을 요청했다. 그분들도 적극적으로 새로운 세입자를 구하거나 기존 세입자와 조율하도록 힘써 주셨다.

겁먹은
세입자

파주 금촌 지역에 있는 아파트 세입자이다. 2021년 당시 전세 보증금보다 시세가 5천만 원 가까이 내려갔다. 세입자분은 재계약 시점으로부터 2년 후에 청약에 당첨된 집이 있어서 입주 예정된 분이시다. 그래서 입주 전까지 2년 정도만 전세를 더 연장해서 살고 싶어 하셨다. 그런데 막상 전세 보증금이 시세에 못 미치자 두려워하셨다. 그대로 살 수는 없다고 생각하신 듯하다. 혹시라도 자기 집으로 이사할 때 내가 돈을 못 해 줄까 봐 걱정하시는 듯했다.

전세 만기가 다가오자 5개월 전부터 세입자분이 전화를 주셨다.

이전에 계약한 전세 보증금이 현재 시세보다 많으니 전세 계약을 다시 하고 보증금을 시세만큼 돌려달라고 요청하셨다. 이유도 명확히 하셨다. 추후 입주할 집을 청약하고 나니 돈이 필요해서 보증금을 내려 달라는 것이었다. 나는 전화를 받은 후 부동산 중개 사장님께 전화를 드렸다. 현재 상황에 대해 전달했고 방법을 찾자고 말씀드렸다. 부동산 사장님은 아무래도 기존 전세 보증금에 해당하는 새로운 세입자를 찾는 건 불가능하다고 말해 주셨다. 시세차익이 명확했다. 새로운 세입자를 찾는 것이 더 어려운 상황이라 기존에 살고 계신 분이 있다면 금액을 조율해서 계속 살게 하는 게 좋다고 말씀해 주셨다.

이 집은 내가 파주 법원리 월셋집으로 들어오기 전에 살던 집이다. 20년 이상 된 아파트라서 집을 사고 3천만 원 이상을 들여 인테리어를 한 상태였다. 당시만 해도 저렴한 가격에 전체 인테리어를 한집이어서 아주 깨끗했다. 실제 전세 세입자를 구할 때 내가 거주하고 있는 집임에도 불구하고 말끔한 모델하우스 같다고 평했을 정도다.

세입자도 무척 깨끗한 집이라고 마음에 들어 하셨다. 그러나 막상 입주 후 새로 한 인테리어 에 문제가 있다는 걸 알게 되었다. 나는 사용하지 않아서 발견하지 못했던 사항인데 세입자가 입주 후 발견해서 알려 주셨다. 전세 세입자 덕분에 인테리어 업자의 리콜도 요청했다. 혼자 53평에 집에 살고 있어서 거실 화장실 상태를 나는 모르고 지나친 상태였다.

몇 번 리모델링에 대한 리콜을 요청했는데 인테리어 사장님은 끝까지 책임져 주지 않으셨다. 전화도 잘 안되더니 한참 후 문자로 변명만 보내왔을 뿐이다. '제가 지금 암으로 치료 중입니다.' 인테리어 사장님은 자신의 병을 알려 줬을 뿐 수리를 끝내지 않았다. 화장실 마감 처리에 다소 문제가 있지만 집을 아끼며 잘 거주하고 계신 세입자분이시다. 이런 일들로 나는 다시 한번 배우고 각성한다. '인테리어를 할 때는 반드시 보증 보험에 가입하자.'

이전까지 세입자와 통화한 건 인테리어에 대한 문제가 전부였다. 그러나 이번만은 달랐다. 세입자는 무척 결연하게 이야기했다. 최대한 보증금을 시세에 가깝게 내려달라고 요청했다. 연일 TV에서는 전세 사기에 대한 뉴스가 나오고 있었다. 부동산 사장님과 상의하면서도 느꼈는데, 기존 주택 주인들이 문제를 일으키는 경우들이 생겨나고 있다고 알려 주었다. 세입자의 걱정은 당연했다. 내가 세입자였어도 그렇게 했을 것이다. 당연히 시세는 존중되어야 한다. 시세를 무시하고 계약한다면 오히려 더 많은 문제가 발생하기 때문이다.

시세가 오를 때도 마찬가지다. 세입자에게 시세를 알리고 올려받는 게 마땅하다. 간혹 선의로 기존 세입자에게 보증금을 올리지 않고 계속 살게 하는 경우들도 있다. 그러나 그럴 때도 문제는 발생한다. 해당 세입자가 언제까지고 그 집에 사는 게 아니기 때문이다.

새로운 세입자를 구할 때 시세 차이가 크게 나면 제삼자가 봤을 때 해당 집에 문제가 있다고 생각할 수도 있다. 또한 기존 세입자가 시세보다 저렴하게 살다가 막상 이사하게 되면 새로운 세입자를 받아야 하는데 새로운 세입자도 기존 시세대로 입주하기를 원하기 때문에 문제가 이어진다.

'역전세'가 전국으로 확산해서 사회적 문제가 된 건 2023, 2024년이 처음이다. 역전세가 아니라면 이전에는 전세나 월세 만기가 돌아오면 세입자가 돈마련에 겁을 먹었는데 상황이 역전되었다. 역전세로 집주인들이 혼쭐이 났다. 이 같은 상황에 대책 없는 집주인들이 '나 몰라라' 하면서 사회적인 문제가 되었다. 보증금을 돌려받지 못하는 전세 세입자가 늘어나면서 세입자가 보증금을 떼일까 봐 겁먹는 게 당연한 세상이 되었다.

나는 돈을 마련하기 위해 움직였다. 최대한 현금을 마련하고 부족한 돈은 대출을 알아보았다. 기존 세입자가 2년 더 살기로 하고 보증금 4천5백만 원을 내려 재계약했다. 세입자분이 많은 배려를 해주셨기에 큰 무리 없이 재계약이 마무리되었다.

▶ 나의 대처, 그리고

나는 더럽게 집 관리를 한 세입자에게 별도의 책임을 물은 적이 없다. 그러나 집을 더럽게 사용한 사람은 단순히 오물만 남기지 않는다. 내가 경험한 사람들은 그랬다. 더럽게 사용하는 사람들은 결국 장식이 되어 있는 시설물도 망가뜨린다. 단순히 생활하면서 만들어지는 마모가 아니다. 사실 이런 경우에는 원상복구 의무가 세입자에게 있다. 이런 부분이 걱정된다면 최초에 계약 시점에 상세히 명시해 놓는다면 집주인도 보호받을 수 있다.

예를 들면 세입자가 이사 나갈 때 집 상태에 따라 입주 청소비를 요청한다거나, 시설물(예:싱크대, 도배, 마룻바닥 등) 중에 신경 쓰이는 물품을 명시한다면 망가진 부분에 대해 원상복구 의무를 요구하기 쉬워진다. 물론 명시하지 않았다고 해도 세입자는 원상복구 책임이 있다. 그러나 계약서에 추가하면 더 명확해지므로 분쟁을 줄일 수 있다.

욕하는
세입자

파주 운정 지역에 있는 아파트 세입자이다. 2022년에 매입할 때 갭 투자 비용 1억 1천만 원이 필요했던 집이다. 평수는 68평형이다. 20년 된 아파트였지만 기존에 사는 분이 20년 가까이 살고 계셨기 때문에 관리가 잘되어 있었다. 매입 당시 내가 산 집보다 더 저렴한 가격의 집이 있었지만, 이 집이 자꾸 생각났다. 집주인 인상도 마음에 들었고 집 관리도 아늑하게 되어 있어서 마음에 쏙 들었다. 당시 이 집이 아주 좋았기 때문에 마지막 투자라고 생각하고 다시 월세 집으로 이사 가면서 투자했다.

전세 만기가 5개월 이상 남았을 때 세입자가 전화가 왔다. 이사를 할 것이니 전세 만기일에 보증금을 돌려 달라는 요구였다. 나는 세입자분께 집을 내놓기는 하겠지만 이사 날짜는 새로운 세입자가 들어올 때까지 조율해 달라고 말씀드렸다. 이 부분은 통상적으로 기존 세입자가 이사 나가고 새로운 세입자를 구할 때 통상적으로 절충하는 사항이라 나는 과한 요구라고 판단하지 않았다. 기존 전세 보증금 금액으로 우선 전세를 내놓았다가 차츰 돈을 더 마련해서 보증금을 내리는 방법을 택하려고 했을 뿐이다. 세입자와 전화를 끊고 바로 부동산에 전화해서 전세 매물을 놓아 달라고 부탁했다.

전세 매물을 내놓은 다음 날 세입자의 아들이 전화해서 불같이 화를 냈다. 현재 시세와 2년 전 시세가 차이가 있는데 이렇게 내놓으면 어떻게 하냐는 항의였다. 당시 나는 세입자가 이렇게 항의하는 것이 월권으로 느껴졌다. 전세 만기까지 시간이 충분했기 때문에 우선 전세 보증금을 그대로 내놓은 것이지 계속 그 금액을 고수하겠다는 의미가 아니었기 때문이다. 그러나 세입자가 과하게 화를 내서 전세 보증금 금액을 조정해서 다시 내놓았다.

그러나 2023년에서 2024년 초는 역전세가 한참일 때였다. 세입자는 서슬이 퍼레서 계속 문자로 다그쳤다. 수시로 문자가 와서 마음이 급해졌다. 조급한 건 나 혼자일 뿐 전세를 물어보는 부동산 연락이 전혀 없었다. 금액을 조금 더 내려도 마찬가지였다. 20평형, 30평형은 거래가 조금씩 있었지만 큰 평수는 잠잠했다. 세입자는 만기

일이 한참 남아 있는 상태에 미리 내용증명을 보내왔다. 전세 만기일에 이사할 것이니 무조건 해당 일에 돈을 마련하라, 그렇지 않으면 즉각 법적 조치를 한다는 문구가 적혀 있었다.

세입자와 조율을 시도 하는 동안 세입자는 욕도 서슴지 않았다. 욕을 하는 마당에 막말은 당연했다. 대화를 시도하려 했지만, 내가 제시하는 협의는 거부했다. 세입자는 완벽하게 통보만 했다. 방법은 하나뿐이었다. 전세가 안 나가면 우선 돈을 마련해야 했다. 5억 4천만 원. 전세 보증금 전액이었다. 몇백만 원 몇천만 원을 마련하기도 쉬운 일이 아니었다. 그런데 5억 4천만 원의 돈을 모두 마련해서 내어 주어야 했다. 담보 대출을 알아봤지만 1가구 1주택일 때 최대 Kb 시세에 70%, 그리고 2가구일 때는 60%가 최고였다.

여타의 방법이 없었다. 욕하고 법으로 하겠다고 통보하는 세입자를 상대하는 것도 피곤했다. 대출을 풀로 받았다. 그런데도 1억 원 이상, 돈이 더 필요했다. 4천5백만 원을 마련한 지 불과 2개월도 안 된 상태였다. 돈 마련을 위해 대출도 알아보고 가족들에게 돈을 융통했다. 다른 방법이 없었기 때문에 돈 마련에만 집중했다. 드디어 5억 4천만 원을 맞추었다.

전세 세입자와 직접 통화하기도 싫었다. 다짜고짜 욕하는 세입자가 무섭기까지 했다. 전세 만기일 일주일 전에 부동산에 전화했다. 잔금 지급일에 전세 보증금을 돌려줄 것이니 계약하러 나오면 된다는 말을 전달해 달라고 부탁드렸다. 그런데 전세 세입자가 적반

하장으로 나왔다. 계약 만료일에 보증금을 돌려준다는 데도 오히려 화를 낸 것이다.

세입자는 이미 이사 계획을 마쳤다고 했는데, 막상 잔금 지급일에 돈을 준다고 하자 왜 화를 냈을까? 그의 논리는 이랬다. 내가 돈을 못 해 줄 게 당연하다고 생각해서 자신이 이사할 집 계약을 파기했다는 것이다. 잔금일 날 반드시 잔금을 안 주면 안 된다고 욕하고 협박했던 강경한 태도의 세입자는 만기일 일주일 전에 말을 바꾸었다. 다시 집을 알아봐야 하니 만기일을 지킬 수 없다며 시간을 더 달라고 했다. 나는 이미 대출 신청을 완료한 상태라서 입장이 곤란했다. 그러나 이전처럼 자기 입장만을 고수하는 전세 세입자를 상대로 시시비비를 다투기도 싫었다. 다음 날 은행에 전화해서 기존 대출 신청을 미루는 방향으로 재조정했다.

다시 생각해도 나는 세입자의 의도가 무엇이었는지 모르겠다. 그는 내가 보증금을 하루라도 늦게 돌려주면 경매신청을 한다고 협박했었다. 갭 투자로 집을 산 것 자체가 사기라고 말했다. 내가 집을 살 때 투입한 금액보다 자신의 보증금이 더 많다며, 나를 비하하며 거지취급까지 했다. 돈 없는데 왜 집을 사냐고 비아냥거리기도 했다. 급기야 잔금 지급일을 조율하자는 나의 제안에 사기꾼 취급하며 욕설도 서슴지 않았다.

막말을 퍼붓던 세입자는 다시 계약한 날이라고 알려 준 한 달 후에야 결국 이사를 나갔다. 그제야 나는 집 상태를 볼 수 있었다. 그러나 내가 2년 전 그렇게 마음에 들어 했던 집은 온데간데없이 사라졌다. 집 상태가 아주 엉망이었다. 이 상태라면 역전세가 아니었어도 세입자를 구하는 게 힘들었을 정도였다. 욕하고 협박했던 세입자가 나간 집을 청소하는데 두 달이 넘게 걸렸다. 청소하고 수리하는 데 가족들에게 고사리손을 빌렸다. 도배는 실크벽지로 새로 하는데 5백만 원 정도의 돈이 들었다.

가장 마음에 들었던 싱크대 상태도 엉망이었다. 아파트에서 동물을 키운 건지 동물 농장을 차린 건지 싱크대며 몰딩이 여기저기 뜯겨 있었다. 집안 곳곳에서 동물의 털 뭉치가 곳곳에서 나왔다. 화장실 문은 물때로 썩어 벗겨지고, 벽이 파인 곳도 있고, 거실이며 방 마룻바닥 여러 곳이 상해 있었다. 세입자에게 요구한 건 심하게 거실 마룻바닥이 벗겨진 몇 개의 나뭇조각이 전부다. 세입자는 고작 나뭇조각 몇 개만 고쳐놓고 떠났다.

집이 넓다 보니 꼼꼼하게 점검하지 못한 나의 불찰이다. 그리고 보증금으로 실랑이하며 신경을 담뿍 쏟은 나머지 집주인의 권리를 챙기지 못했다. 이후에라도 법으로 진행해도 되지만 그동안 팽팽하게 신경을 붙잡고 있어서인지 그들과 법적인 대응을 하고 싶지 않았다.

집 인테리어를 새로 하진 않았다. 평수가 큰 만큼 인테리어 비용이 생각보다 많이 들었다. 최근 인건비도 많이 오르고 원자잿값도 많이 올라 인테리어가 5천만 원에서 1억 원까지도 발생한다고 견적을 받았다. 수리 개념으로 집 셀프 인테리어를 했다. 전기 공사도 하고 깨진 곳은 메우고 청소하고 덧대고, 칠하고, 붙이고를 반복했다. 가족들이 모두 도와주었다. 다시 살 수 있는 집으로 수리하는데 1천만 원 이상의 비용이 들어갔다. 돈과 손길이 깃들자 집이 어느 정도 정리되었다.

저렴하게 월세, 전세도 내놓았다. 이후 부동산에서 문의 전화가 오기 시작했다. 2024년도 부동산이 다시 움직였다. 서울 지역부터 시작해서 매매가격도 올랐다. 전세가도 오르고 안정을 찾아갔다. 월세를 주려고 마음먹었다가 세입자를 다시 들이려니 걱정이 되었다. 나는 서울 열 평도 안 되는 오류동 원룸에 거주하고 있다가 가족들과 손수 고친 68평 운정으로 입주했다. 32평 금촌 아파트로 이사할지 파주 운정으로 이사할지 고민하다가 운정으로 이사 왔다.

금촌, 운정 공실인 집이 두 개가 있는데 서울에서 월세로 사는 건 이중 지출이기 때문이다. 큰 평수가 문의가 더 없을 것 같아서 이사했는데 막상 이사를 들어오고 나니 월세 문의가 계속 왔다. 2024년 12월 운정역-서울역 GTX 개통이 다가오자 활발해진 것 같다.

당시 나는 갭 투자를 하기 위해 세 번 이사했다. 그리고 엄마와 합가하면서 또 이사했다. 2년 동안 총 네 번 이사했다. 이사를 여러 번 하면서 많은 것들도 알게 되었다. 이전보다 부동산을 보는 지역도 늘었고 매매뿐 아니라 전세나 월셋집도 많이 알아보게 되었다. 그리고 이사할 때 비용을 적게 하려고 여러 이사 업체와 비교하거나 어느 업체가 이사를 잘해 주는지 알게 되는 시간이었다. 이사한 후에 짐 정리하는 것도 빠르고 효율적으로 할 수 있게 되었다.

나는 처음 아파트로 집을 마련할 때 24평 아파트에 청약했다. 이후 갭 투자로 산 집은 16평, 21평, 24평 등 작은 아파트가 대부분이었다. 그리고 32평 아파트로 이사한 후 다시 16평 임대아파트에 이사도 갔었다. 그리고 부천 중동에 있는 상가형 다세대에 13평 하는 집에도 살았다. 홍은동 서울 아파트는 38평형 나홀로 아파트였다. 이후 보이스 피싱 후 내가 아파트로 투자를 시작했을 때는 적은 평수는 염두에 두지 않았다.

지극히 개인적인 욕구 때문이었다. 당시에는 서울 전역과 수도권 대부분 지역이 1가구 1주택 양도소득세 면세받으려면 거주요건이 있었다. 3년 정도 정책이 유지되다가 지금은 서울 일부 지역만 남아 있고 서울 및 수도권 지역에 거주요건은 사라졌다. 투자 당시에는 거주해야 한다는 요건 때문에 적은 평수를 사고 싶지 않았다. 가난에서 벗어났다는 과잉 의식 때문인지 적은 평수에 거주하고 싶지 않다는 생각이 컸다.

그러나 돌이켜 보면 큰 평수를 선택한 건 투자적인 면으로 봤을 때는 잘못된 판단이었다. 다시 한번 몸소 느낄 수 있었다. 투자할 때 개인적인 욕심을 앞세우면 손해를 보거나 어려운 상황을 초래할 수 있다. 투자에는 나의 욕구는 내려놓아야 한다. 대중의 욕구, 세법, 개발 계획, 돈의 흐름 등을 살펴야 한다.

▶ 나의 대처, 그리고

당시 여러 가지 절충을 부탁했지만 거절당했다. 내가 취할 방법은 하나라고 단정했다. 날짜를 지켜서 보증금을 돌려주기로 마음먹고 세입자와의 접촉을 더 이상 시도하지 않았다. 그러나 여러 가지 아쉬움이 남는다. 세입자가 원하는 게 무엇인지 만나서 대화하지 않았다. 통화나 문자만 하면서 감정이 나빠졌다. 좀 더 조율을 시도해 볼 수도 있었다고 생각한다. 그리고 조율이 되지 않았더라도 정확한 의중을 들었더라면 이후 다시 날짜를 잡는 착오는 없었을 것이다.

상대방이 감정적이라고 나까지 감정이 나온 점도 아쉽다. 내가 대화의 기술이 좀 더 있었더라면 세입자도 당연히 달랐을 것이다. 적어도 세입자가 욕은 안 했을지 모른다. 결과적으로 내가 얻은 게 없다. 감정도 나빴지만, 실익도 없었다. 내가 해야 하는 의무를 적극적으로 했다면 세입자가 이사를 나갈 때 집 관리에 대한 나의 권리도 챙길 수 있었을 것이다. 상대가 감정적으로 나왔다고 서로 쌓인 악감정을 회피하려다가 결국 손해만 보게 되었다.

더러운
세입자

- - - - - - - - - - - -

　파주 금촌 지역에 있는 아파트 세입자이다. 2022년 전세 보증금이 최고치에 달했을 때 입주했던 세입자이다. 이 세입자가 입주하면서 7천만 원 이상의 수입이 생겼었다. 그로 인해 엄마와 합가도 할 수 있었다. 전세 세입자를 구할 때 제때 구해졌다. 세입자와 접점은 입주 전 계약할 때, 잔금 정산할 때, 퇴거 전 잔금 정리 때 총 세 번 본 게 전부다. 미취학 아이가 둘 있는 4인 가구의 세입자였다. 전세를 살면서 거의 통화한 일이 없었기 때문에 사는 동안 별다른 문제는 없었다.

그러나 이 집도 역전세의 소용돌이에 휘말렸다. 보증금 2천2백만 원을 돌려줘야 하는 상황이 되었다. 역전세가 한창일 때 가장 큰 문제는 전세를 보러오는 사람이 없다는 것이다. 문의가 있어야 금액 조정이라도 할 텐데 금액 문의조차 없었다. 전세 만기일까지 전세 보증금 전액을 마련해야 했다. 대출을 최대한 받아도 내가 별도로 마련해야 하는 돈이 8천만 원 이상이었다.

이쯤 되면 정말 난리도 이런 난리가 없다. 살면서 이만큼의 대출을 받은 적이 없다. 물론 이 모든 소유자가 나로 되어 있었다면 대출이 불가능했다. 아들 소유 집이거나 남자 친구 명의로 되어 있어서 대출이 가능했다. 그러나 결국 이자를 감당해야 하는 건 내 몫이었다. 대출과 빚이 커져서 한 달 지출이 늘어났다. 이렇게 상태가 심각해지기 전에 다행히 나는 일을 시작했다. 다시 출퇴근하면서 그 시간을 버티며 지냈다. 매달 소득이 있어서 그 많은 지출을 감당할 수 있었다.

금촌 전세 세입자는 전세 만기 시 이사할 계획이라고 만기 4개월 전에 알려 주었다. 전세를 내놨지만, 문의가 없어서 우선 세입자 집을 보러 갔다. 아무리 이사를 앞두고 있다고 하더라도 전쟁이라도 치른 듯 살림이 흩어져 있었다. 아이들까지 키우고 있는데 거실이 발 디딜 틈 없이 어수선해 보여서 보는 내가 민망할 정도였다. 청소는 둘째 치고 정리 정돈이 안 된 집을 보여주면서 세입자는 오히려 태연해 보였다. 각 방, 거실 바닥 물건들이 많았고 베란다에는 살림이 쌓여 있었다.

이 정도라면 집을 보러 오는 사람이 있어도 전세 계약이 쉽지 않을 것 같았다. 일찌감치 나는 마음을 비웠다. 돈을 마련하는 데 집중했다. 담보 대출을 신청하고 부족한 돈은 신용 대출을 받기로 했다. 남자 친구가 모두 협조해 주었다. 잔금일이 되어 보증금 전액을 돌려주었다. 세입자는 다행히 우리가 잔금 지급일에 보증금을 돌려주겠다고 해서인지 닦달하거나 이상 행동을 보이지는 않았다.

전세 만기날 세입자가 전체 짐을 모두 뺀 후에 집 상태를 제대로 볼 수 있었다. 그런데 집이 아주 더러웠다. 세입자가 짐을 모두 빼고 나자 하자도 이곳저곳 보였다. 이 집도 매입할 때 내가 직접 들어와서 살아도 좋을 만큼 상태가 좋은 집이었다. 매입할 때 당시 집에 거주하고 있던 분은 집을 잘 사용하고 있었고 세입자인 데도 깨끗하게 정리해 놓고 살고 있었다. 그런데 새로 들어온 세입자는 집을 어떻게 관리한 걸까? 집이 더러워서 그냥 두고 볼 수 없는 지경이 되어 있었다. 아파트이고 통풍이 안 되는 곳이 아닌데 곰팡이도 많이 있었다. 싱크대도 망가져 있고 화장실 문은 습기 때문에 부식되었다. 도배도 엉망이고 장판, 벽, 몰딩, 전기 콘센트 상태 등 어디 한 곳 성한 곳이 없어 보였다.

이렇게 참담한 상황도 면역이 되는 것일까? 운정 68평 아파트 세입자가 집을 철저히 망가뜨린 걸 본 이후라서 포기가 빨랐다. '망가진 부분은 고치고, 고칠 수 없으면 새로 바꾸면 된다.'라고 생각하고 마음을 내려놨다. 전세 보증금을 마련하는 데 온통 정신이 팔려 다른 부분은 무신경했다. 이미 정산이 끝나서 결국 세입자에게 집 상태에 대해 말하지 못했다. 세입자에게 원상복구에 대한 책임은 일절 묻지 않고 온 가족이 벗겨진 벽지에 덧대고 칠하고, 긁힌 바닥을 뜯고 붙였다. 손끝에서 새롭게 태어나는 집을 보며, 마치 만신창이가 된 내가 치료받는 기분이 들었다. 상처를 덧바르고, 희망을 품는 과정이었다.

그동안 셀프 인테리어 경험을 살려 32평 아파트는 수리 영역을 늘렸다. 페인트칠, 데코타일 공사, 깨진 타일 보수, 전기공사, 문손잡이 교체, 전등 교체 등 가족들과 함께 모든 것을 손수 처리했다. 싱크대는 엉망이라서 싱크대 업체에 맡겨서 교체했다. 화장실 실내장식만 안 했을 뿐 집 전체를 바꾸었다. 그러나 전문가가 아닌 고사리손이라서 무척 어설픈 상태가 되었다. 그 때문인지 공실 상태가 길었다. 셀프로 인테리어를 했기 때문에 비용은 1천만 원 정도가 소요되었다.

반복되는 경험으로 나는 원칙을 정해야겠다고 다짐했다. 보증금을 마련하는 데 집중하느라 의무감에 치여 권리는 잃고 있었다. 돈을 마련해 주는 것과 집주인의 권리를 따지는 건 별개의 일이라고 규정했다.

▶ 나의 대처, 그리고

나는 더럽게 집 관리를 한 세입자에게 별도의 책임을 물은 적이 없다. 그러나 집을 더럽게 사용한 사람은 단순히 오물만 남기지 않는다. 내가 경험한 사람들은 그랬다. 더럽게 사용하는 사람들은 결국 시설물도 망가뜨린다. 단순히 생활하면서 만들어지는 마모가 아니다. 사실 이런 경우에는 원상복구 의무가 세입자에게 있다. 이런 부분이 걱정된다면 최초에 계약 시점에 상세히 명시해 놓는다면 집주인도 보호받을 수 있다.

예를 들면 세입자가 이사 나갈 때 집 상태에 따라 입주 청소비를 요청한다거나, 시설물(예:싱크대, 도배, 마룻바닥 등) 중에 신경 쓰이는 물품을 명시한다면 망가진 부분에 대해 원상복구 의무를 요구하기 쉬워진다. 물론 명시하지 않았다고 해도 세입자는 원상복구 책임이 있다. 그러나 계약서에 추가하면 더 명확해지므로 분쟁을 줄일 수 있다.

무서운
세입자

인천 계양구 지역에 있는 아파트 세입자이다. 이 집은 2020년 아들이 만 20살이 되었을 때 산 집이다. 아들의 성향에 맞춰 교육에 힘쓰지 않은 결과로 아이에게 종잣돈을 모아줄 수 있었다. 이미 아들에게 증여한 것으로 아들에게 상의하며 첫 투자를 시작한 집이다.

아들은 독립적이고 의지가 강한 아이로 자랐다. 나는 일하느라 바쁘고 무심한 엄마라서 아이에게 많은 시간을 내지 못했다. 그러다 보니 아이를 위해 해 준 게 별로 없다. 여타 엄마들처럼 아이에게 로드맵을 주지도 못했다. 그리고 어린 아들에게 스스로 선택하라는 말을 자주 했다. 그런데 고맙게도 아이는 잘 자라주었다. 엄마의 부족함을 탓하지 않고 무심한 엄마인 게 오히려 자신은 좋았다고 말해 준다. 아들이 중·고생 때 내가 어떤 안내를 해 줘야 할지 몰라서 아들에게 진로를 결정하도록 권했다. 성인이 된 아들에게 나만의 성년식을 해 주었다.

아들 스스로 아낀 교육비를 계산한 돈을 아들에게 증여했다. 계산기의 돈은 공식적으로 증여이지만, 나는 증여라고 생각하지 않는다. 일반적인 아이들이 당연하게 교육비로 사용했을 돈이기 때문이다. 아들에게도 '아들이 스스로 진로를 선택하면서 사용하지 않은 돈을 주는 거야'라고 설명했다.

세법은 실제와 증빙이 중요하다. 그래서 세법에 맞게 5천만 원을 아들에게 증여했다. 미성년자녀는 2천만 원, 성년 자녀는 5천만 원, 기본공제가 되어 증여세 없이 아들 명의로 갭 투자하며 집을 샀다. 당시 매도자가 전세 세입자로 계약하면서 인천 집에 계속 거주했다. 2022년은 전세금이 폭등했을 때이다. 그러나 전세 보증금 상한제로 5%만 인상하면서 기존 전세 세입자가 2년 더 거주했다. 다시 2년이 더 지났고 전세 세입자 만기가 2024년 5월이었다. 5월에는 역전세가 점차 꺾이고 있을 때였다.

나는 만기 최소 5개월 전부터 세입자에게 내 입장에 대해 의논했다. 집을 매도할 예정이므로 매도자와 날짜를 조율해달라고 말씀드렸다. 세입자는 고맙게도 알겠다고 말해 주셨다. 그리고 열심히 집도 보여주신다고 했다. 그러나 전세 만기일이 되었지만 집은 나가지 않았다.

나도 마음이 조급해졌고 세입자께 미안했다. 몇 번 더 세입자에게 전화를 드렸다. 매수인이 연결될 때까지 조금 더 기다려 달라고 부탁드렸다. 다행히 세입자분은 서둘지 않아도 된다며 기다린다고 답해 주셨다. 마냥 손 놓고 있을 수 없는 상황이라서 나는 매도 금액을 더 낮추어 집을 내놓았다. 그리고 부동산에 여러 곳에 매물을 등록시켰다. 7월에 다행히 매도 문의가 이어지고 있었다.

세입자가 내게 요구한 건 한 가지였다. 매매일이 정해지기 전에 적어도 3개월 정도의 시간을 달라는 것이었다. 나는 당연히 그 부분은 협조뿐 아니라 세입자의 입장을 충분히 고려할 것이라고 약속했다. 매도 문의가 몇 번 있었는데 막상 계약은 안 되었다. 그러다 마침내 여러 부동산에 매물을 내놓은 결과 전화 통화만 했던 부동산에서 매매 계약이 이루어지려고 할 때였다. 집을 보고 간 사람이 마음에 든다고 말했고 계약에 관한 이야기가 오갔다.

나는 세입자에게 전화했고 언제로 매매 시점을 잡으면 좋을지 문의했다. 세입자는 가족과 상의 후 이야기하겠다고 하며 전화를 끊었다. 다음 날 내가 다시 전화를 걸었다. 이사 날짜를 여쭙자 세입자가 정한 날은 10월이면 좋겠다고 말했다. 처음부터 3개월 정도를 요구했으니 당연한 요구 사항이었다. 나는 매수하려고 하는 분들과 날짜 조율을 시작했다. 매수인은 9월 말이면 좋겠다고 했지만 나는 그

건 안 된다고 못을 박았다.

다시 세입자, 매수희망자와 몇 차례 통화가 오고 가고 10월로 날짜를 맞추었다. 이제 정확하게 날짜를 지정해야 했다. 나는 세입자에게 매도계약서를 쓰기 전에 이사 날짜를 확실하게 정해달라고 요청했다. 세입자가 10월 18일로 하겠다고 나에게 말해 주었다. 그날로 매매 가계약을 했다.

그리고 그 주에 정식 계약서를 작성하기 위해 부동산에 방문하기로 했다. 부동산에 방문해서 계약 전에 스피커폰으로 전세 세입자에게 10월 18일로 계약하면 되는지 재차 확인 전화했다. 그 자리에서 매수인과 공인중개사와 내가 모두 함께 세입자가 확정한 날짜를 듣고 계약서를 작성했다.

8월 31일 나는 추심회사에 다니고 있었기 때문에 그날은 월 마감날이었다. 바쁜 날이었고 정신없이 하루가 지나갔다. 오후 3시가 넘어서 지역번호 032로 생소한 번호로 전화가 왔다. 처음 듣는 목소리였고 남자였다. 그는 자신을 현재 계양구 아파트에 사는 전세 세입자고 전세 세입자의 배우자라고 했다. 그런데 갑자기 그가 이사 날짜를 10월 18일로 할 수 없다고 말했다.

나는 망치로 머리를 세게 가격당한 기분이었다. 말도 안 되는 상황이 발생했다. 어떻게 해야 할지 모르는 상황이 되어버렸다. 그는 이사를 10월 18일에 갈 수 없고 11월 1일에 가야 하니 이사 보관 비용을 나에게 내라고 요구했다. 나는 왜 그러시냐고 물었다. 날짜는 내가 정한 게 아니라 분명히 배우자인 전세 계약자가 정했다고 말했다. 나는 그의 요구에 당황해서 "사기당하는 것 같다."라고 말했고, 그는 내가 말을 함부로 한다며 일방적으로 전화를 끊어버렸다.

나는 걸려 온 전화번호로 전화를 걸었다. 변호사 사무실이라면서 남자가 전화를 받았다. 세입자의 직업이 변호사인 것은 이미 알고 있었다. 남편과 통화하면서 답답해서 전세 계약자와 통화하고 싶었다. 전세 계약자는 남편이 아니라 아내인 여자분이다. 당연히 그간의 일을 전세 계약자와 통화했다. 그러나 계약자는 내 전화를 받지 않았다. 남편에게 몇 번이나 전세 계약자와 통화하고 싶다고 했으나 세대주인 자신과 통화하면 된다고 일축했다.

세입자 부부가 변호사라는 직업과 지식을 무기 삼아 나에게 '강도질 한다'라는 생각이 들게 만들었다. 그러나 나의 감정은 전혀 중요하지 않았다. 내가 어떻게든 대화를 이끌어 가려고 하자 변호사의 남편이 이사 비용 일체를 주라며 말을 바꾸었다. 내가 억울함을 표시하면 오히려 단호하게 말하며 전화를 끊었다. 내가 재차 전세 계약자와 통화를 원한다고 말했으나 남자는 배우자를 변호사님이라고 칭하며 변호사님은 바쁘셔서 이 일은 자신에게 일임했으니 자신과 통화하자고 말했다.

나는 그가 돈을 요구한 시점부터 모든 통화 내용을 녹음했다. 통화 도중 녹음하고 있다고 그에게 알렸다. 그러나 그는 아랑곳하지 않았다. 전화 통화를 하면서 내가 억울하다고 말하면 그는 여지없이 전화를 끊었다. 자신의 요구 사항을 안 들어주면 이사할 수 없다고 말했다. 법대로 하라면서 이사 날짜를 맞출 수 없다고 통보하기만 할 뿐이었다. 나는 생각을 정리했다. 여러 가지 다 생각해도 나에게는 선택의 여지가 없었다. 만약 계약이 파기되면 나는 매수인에게 위약금으로 배액을 배상해야 한다.

내가 계약금의 두 배를 물어야 하는 것으로 끝이 아니다. 매수인도 자기 집을 매도하면서 이사 오는 것이기 때문에 피해자는 나와 매수인, 그리고 매수인과 계약한 사람 그리고 또 맞물려 매매 계약을 한 사람들까지 확산한다. 내가 문제를 해결하지 못하면 피해자가 속출할 수밖에 없는 상황이 발생하게 된다. 여러 피해자를 떠나서라도 나 하나만 보더라도 생돈 4천만 원 정도를 물어야 하는 상황이 발생하면 나에게 치명적인 손해였다.

나는 다시 그와 통화를 시도했고 그를 설득했다. 그가 요구하는 대로 모든 이사 비용을 내가 부담하면 이사를 하는 것인지 확인했다. 그는 이사 비용을 주면 이사는 반드시 가겠다고 약속했다. 나는 그의 말을 믿을 수 없어 재차 확인을 부탁드렸다. 그는 어이없다는 듯 자신들이 법조계 종사자인데 약속을 안 지키겠냐고 말했다. 처음 매매 계약일을 정한 약속도 변호사인 전세 계약자가 직접 한 약속인데 그렇게 쉽게 말을 바꾼 사람들이 하는 말이라서 신뢰가 가지는 않았다.

나는 전세 세입자가 나에게 강요와 협박을 했다는 것을 확실하게 인지하고 있었다. 그러나 그것을 법으로 따지는 것은 나에게 결코 유리한 상태가 아니었다. 나도 법에 보호받고 싶었지만, 법은 느리고 법으로 시시비비를 따지려면 나에게 금전적인 손해가 즉각 닥칠 위기였다. 내가 선택할 방법은 이사 비용을 강탈당하는 것뿐이었다. 선택할 때는 최악을 피하는 게 우선되어야 한다. 나는 그들이 하는 행동이 불법인 것을 알면서도 그들에게 사기를 당하기로 마음먹었다.

전세 세입자가 이사 비용을 얼마 요구할지 확실하지 않기 때문에 나는 전세 세입자의 남편과 통화하면서 이사 업체를 내가 섭외해도 되는지 문의했다. 아무래도 비용을 제멋대로 청구하면 그 모든 비용을 감당하는 건 부당하다고 느꼈기 때문이다. 인터넷으로 이사 업체를 검색해서 전화했고 인천에 방문 요청했다. 이사 비용은 두 번의 이사와 보관 비용 일체였다. 방문한 이사 업체는 전화로 문의했을 때는 이사 비용으로 500만 원까지 나올 수 있다고 했는데 실제 견적 비용은 380만 원이라고 알려 주셨다. 이사 업체에 이사 계약금 20만 원을 보내주고 이사 계약을 진행했다.

10월 18일 매매 잔금일이 되었다. 아들과 엄마와 함께 부동산으로 향했다. 아침부터 여러 가지의 시뮬레이션을 혼자 머릿속으로 돌리고 있었다. 그리고 파주에서 인천으로 향하기 전에 아침 일찍 이사 업체에 전화를 걸었다. 이미 이삿짐을 차에 싣고 있다고 알려 주셨다. 부동산 방문 시간이 12시라서 그때 재차 이사센터에 확인해 보니 짐을 거의 차에 옮겼다고 말해 주었다.

　나는 파주에서 인천 부동산사무실로 이동하는 차 안에서 중개 사장님께 전화했다. 당시 부동산 사장님께서도 내 모든 상황을 알고 계셨다. 매매 계약 당시 스피커폰으로 전세 세입자와 통화했고 전세 세입자가 이사 비용을 요구했을 때도 나는 즉각 부동산 중개업자님께 이 같은 상황을 상의했기 때문이다. 당시 이사 비용을 절충하기 전에 매수인에게 날짜가 조율되는지 물어봤었다. 부동산 사장님도 어떻게든 방법을 찾아주려고 했지만, 도미노식으로 계약이 되어있어서 날짜 조율이 안 된다고 말해 주었다. 당연히 이때 부동산 사장님이 전세 세입자와도 통화를 시도했다. 나에게 고압적인 자세로 이야기했듯이 세입자의 남편만 통화가 됐고 부동산 사장님께도 같은 태도였다고 전해 들었다.

　매매 계약일, 나는 부동산 사장님께 세입자와 통화가 불편하니 몇 가지 사항만 점검해 달라고 부탁드렸다. 당일 보관 이사를 하면서 주소를 전출해야 하는데 몇 시쯤 가능한지 알려 달라고 말씀드렸다. 주소 이전이 확인이 안 되면 매수인의 담보 대출에 사고가 발생하기 때문에 미리 확인해 달라고 부탁드렸다. 부동산 사장님은 이사하면서 주소 이전은 기본적이고 당연한 건데 그것을 모르겠냐며 알겠다고 확인해 주신다고 했다. 나는 주소 이전이 확인된 후에 보증금을 송금하겠다고 말씀드렸다.

　우리가 제일 먼저 부동산에 도착했다. 이후 매수인이 도착했다.

집 매매 계약은 순조롭게 진행되고 있었다. 부동산 사장님이 전세 세입자와 통화한 내용을 알려 주셨다. 그런데 어이없게도 세입자는 당일은 보관 이사를 하는 것이라서 주소 이전은 안 해도 되는 줄 알았다며 꼭 오늘 해야 하는 것인지 반문했다고 한다. 나와 부동산 사장님은 이들의 무지함에 놀랄 뿐이었다. 부동산 중개 사장님이 이사하면 주소 이전은 당연한 절차라고 설명하면서 전세 세입자에게 주소 이전을 꼭 해야 하는 이유를 설명해 주고 확인받았다. 전세 세입자는 보관 이사라서 새로운 집으로는 주소 이전이 안 되니 임시방편으로 장모님 집으로 주소 이전한다고 말해 주었다.

나는 주소 이전이 완료될 때까지 기다렸다가 보증금을 보내기로 했다. 그런데 주소 이전이 바로 안 되고 늦어졌다. 주소 이전이 안되면 계약이 무효가 될 수 있었다. 주소를 빼는 것까지 매도인의 책임이기 때문이다. 세입자는 주소 이전 신청은 전산으로 했다며 진행한 내용을 보내주었지만, 세대 열람 서류에는 아직 이전이 안 되고 있었다. 중요한 사항이었기 때문에 부동산 사장님께서 다시 확인 전화를 해주셨다. 확인해 보니 장모님 집으로 이전하는 것이라서 장모님이 승인해야 주소 이전이 완료된다고, 장모님이 주민 센터로 가는 중이라고 알려 주었다.

주소 이전 승인 절차까지 마쳤다고 확인받은 후 나는 전세 보증금을 송금했다. 그러나 행정 처리가 완료되진 않은 상태였다. 나는 행정 처리가 모두 완료되면 장기수선 충당금을 정산해주기로 하고 부동산에서 집으로 향했다. 집으로 향하면서 나는 마음을 먹었다. 이 상황에 내가 할 수 있는 것을 하기로 했다. 나는 나만의 전략을 머릿속으로 정리했다.

집에 가면서 아들과 엄마에게 내 생각을 말해 주었다. 나의 말을 듣고 아들이 AI에 문의하면서 내가 생각하는 것에 법적인 문제가 없는지 점검해 주었다. 나는 이전에 이미 내가 지켜야 하는 사항을 점검했었다. 그러나 중요한 건 당일인 10월 18일 흐름이 중요했다. '모든 사항이 차질 없이 진행된다면 그렇게만 된다면, 법적인 권리와 보호를 받을 거야.'

나의 계획은 간단했다. 우선 나와 전세 세입자 당사자만을 남겨 놓는 것이었다. 당사자 이외의 피해자가 없고 내가 배액 배상하지 않아도 되는 상태를 만들면 된다. 법적인 시시비비는 이후에 따지면 된다. 부동산에서 나올 때 이미 나는 최상의 시나리오를 완성했다. 매매 계약이 완성되었고 피해자가 없는 상태가 되었다. 돈을 계산할 사람은 오로지 나(아들 소유의 집이므로 아들)와 전세 세입자인 당사자 둘만 남게 되었다.

파주 집에 도착했다. 나는 세입자에게 줄 장기 수선충당금 160만 원 정도의 금액에서 이사 총비용 중 이사 업체에 미리 준 계약금 20만 원을 차감한 잔액을 송금하겠다는 내용을 문자로 작성했다. 20만 원을 차감하는 이유를 분명히 했다. 이사 비용 일체를 요구한 것이 강요와 협박에 의한 개인의 의사 결정의 자유를 침해하는 범죄로 내가 이사 비용을 주기로 약속한 것은 무효이므로, 이사 비용 일체를 주겠다는 구두 약속을 지킬 의무가 없음을 알렸다. 아들 소유의 집이었기 때문에 아들이 직접 전세 세입자 계약자에게 문자를 보냈다.

세입자는 내가 말을 바꾼 것이 사기라며 부동산에 전화를 걸었다고 한다. 그러나 아들에게도 나에게도 전화 한번 하지 않았다. 다만 전세 세입자는 문자로 아들에게 답했을 뿐이다. 그것도 몇 시간이 지난 상태에서 단 한 번이었다. 아들에게 온 문자 내용은 '법으로 하겠습니다'라는 단문이었다. 나는 법으로 하는 것에 대해 모두 받아들이기로 마음먹은 상태였다. 나는 법이 공정하다고 믿는다. 대한민국의 법이 선량한 자를 벌주는 일은 없다고 확신한다.

가장 큰 난관이 남아 있다. 이사 업체다. 이사 업체가 선의의 피해자가 되어서는 안 되기 때문이다. 매매 잔금 당일 저녁, 이사 업체에 전화를 걸었다. 나는 그간의 일을 설명하고 '이사 비용은 이사 당사자에게 받아야 한다.'라고 말씀드렸다. 그러나 이사 업체 사장님은 나에게 돈을 주어야 한다고 말씀하셨다. 나는 만약에라도 최후까지 이사 비용을 못 받는 상황이 된다면 내가 돈을 드린다고 약속드렸다. 단 내가 이사 업체에 드릴 수 있는 돈은 이사 비용 전체가 아님을 분명히 했다. 이미 한 번의 이사를 한 비용을 전세 세입자가 안 준다면 그 부분은 이미 인건비가 들어간 부분이므로 내가 지급하겠다고 약속했다. 다만 보관 비용과 최후 이사 비용은 내가 낼 수 없다고 못을 박았다.

이후 주말을 보내고 월요일이 되었다. 나는 경찰서를 방문했고 전세 세입자의 남편을 형사 고발했다. 강요와 협박죄로 고소장을 작성한 것이다. 이사 업체와 두 차례 더 전화했는데 전세 세입자가 자신은 돈을 낼 수 없으니 나에게 이사 비용을 받으라며 자신이 변호사이니 법적으로 대리를 해주겠다고 이사 업체 사장님에게 설득했다는 말을 전달받았다. 나는 결과적으로 이사 업체가 돈을 못 받게 된다면 내가 1회 차 이사 비용을 확실하게 줄 것을 다시 한번 강조했다. 다만 돈을 주더라도 부당한 돈이기 때문에 전세 세입자에게 민사 소송을 해서 돌려받을 계획이라고 말했다. 본의 아니게 불편하게 해 죄송하지만, 법적인 사항이므로 이사 업체 사장님께 증거 자료로 나에게 돈을 청구하는 내용증명을 보내 달라고 부탁드렸다.

나는 이 모든 일을 진행하는 데 미리 계획한 게 하나도 없다. 처음 세입자의 남편이 나에게 이사 비용 일체를 요구했을 때 완전 사기나 강도를 당하는 기분이었다. 그러나 어쩔 수 없었다. 당하는 걸 알면서도 피할 길이 없었다. 당하는 게 가장 피해를 줄이는 일이었다. 당시 화나고 억울하지만, 이사 비용 일체를 내가 부담하겠다고 마음먹었다. 그리고 세입자의 남편을 설득하는 것만 집중했다.

그러나 생각의 끈을 완전히 놓지는 않았다. 그대로 이사 비용 일체를 주고 끝을 낼 생각은 없었다는 것이다. 모든 것이 정리된 후에 강요죄와 협박죄를 물을 생각이었다. 그리고 그 후 민사 소송으로 내가 지급한 이사 비용을 세입자에게 청구할 생각이었다. 그러한 생각도 모든 것이 다 정리된 후에 하겠다고 마음먹었을 뿐이었다.

매매 잔금 당일 10월 18일 아침에 더욱더 효과적인 방법은 없을지 내 머릿속으로 혼자 생각에 집중했다. 입 밖으로 머릿속 시나리오를 꺼내면 안 될 것만 같았다. '모든 일들이 순조롭게 이루어진다면 어쩌면 이사 비용 자체를 내가 내지 않아도 되지 않을까?'라고 생각했지만 중요 체크 사항들이 차차 다 이루어졌을 때만 가능했기 때문이다.

한 달이 지난 11월 18일 법원에서 아들에게 지급 명령 결정문이 도착했다. 내용은 장기 수선충당금 중 20만 원을 못 받았다고 전세 세입자 계약자인 변호사가 직접 작성해서 보낸 법 조치 내용이었다. 아들은 공동인증서를 발급받아서 전자 독촉에서 사건등록을 하고 이의 제기를 작성했다. 세입자는 단 20만 원을 아들에게 청구했다. 그러나 우리는 부당하게 빼앗긴 20만 원을 차감했을 뿐이다. 과연 그들은 아들에게 20만 원을 법 비용까지 확장하여 착취할 수 있을까?

지급 명령에 대해 이의 제기 신청 후 현재 사건은 본안소송으로 전이 되었다. 나는 사실 세입자가 이해되지 않는다. 변호사는 20만 원을 받겠다고 법 비용이 7만 원 정도 이미 소요하였다. 그리고 본안소송으로 전이하면서 다시 20만 원 이상의 법 비용이 발생했다. 전세 계약자가 승소한다면 그간의 법 비용이 아들에게 청구될 것이다.

패소한다면 당연히 법 비용은 그들의 몫이다. 그러나 불법이 승소하는 일이 발생할까? 나는 대한민국 법이 공정한 판단을 내려줄 것이라고 믿는다.

나는 여러 가지 일들을 겪으면서 부당한 것에 대해 수긍하지 않겠다고 마음먹은 바 있다. 가만히 있어서 평화로운 게 있고 일어서서 외쳐야 할 때가 있다. 나는 나를 지키기 위해 법을 지키고 법의 보호를 받으려고 노력한다. 나 스스로 정당한 일을 행한다면 두려워할 필요가 없다. 사람이 더불어 살기 위해 만들어 놓은 것이 법이기 때문이다.

▶ 나의 대처, 그리고

문제를 최소로 줄이기 위해 최선을 선택했다. 제삼자의 피해자를 만들지 않고, 나의 손해를 줄이고, 나의 권리를 찾기. 그게 목표였다. 만약 조율이 안 돼서 이삿짐센터 사장님께 돈을 주었다고 해도, 차후에라도 나의 권리를 찾았을 것이다.

형사 고소는 경찰서에서 가면 되고, 민사 소송은 전자소송 (https://ecfs.scourt.go.kr)을 인터넷을 통해서 하면 된다. 절차는 간단하다. 법률적인 지식이 없다면 전화상담을 미리 해보는 것도 좋다. 대한법률구조공단 (http://www.moj.go.kr)을 통해 도움을 요청해도 된다. 그리고 AI ChatGPT를 통해 법률 지식을 알아봐도 된다. 유튜브에도 검색만 하면 지식이 넘쳐난다.

'억울한 일이 있는데, 받을 돈이 있는데'라고 생각만 하면 결코 받을 수 없다. 적극적으로 받을 방법을 찾아보면 방법이 생긴다. 혼자서 알아볼 수 없다면 아는 사람들에게 도움이라도 청하면 된다. 2025년 현재는 원하는 걸 적극적으로 찾으면 찾을 수 있는 시기다.

고마운
세입자

- - - - - - - - - - - - -

부동산 투자를 하면서 필연적으로 만나게 되는 당사자들이 있다. 매수인 혹은 매도인 그리고 세입자이다. 그리고 그 과정에서 부동산 중개업자가 자신의 역할을 해 준다. 내가 현재까지 자산을 키우는 데 가장 큰 역할을 한 것이 부동산이다.

과거 20년 동안 부동산을 통해 많은 사람과 인연을 맺었다. 고마웠던 분들이 참 많다. 제때 인연이 되어 관계를 맺었고 그 관계가 잘 마무리되었다. 최근 4년 동안 만난 세입자들과 비교하면 이전 15년 동안 나에겐 행운의 연속이었다. 매도인도 적절하게 있었고 매수인도 적절하게 있었다. 그리고 집을 사용해 준 세입자도 집을 곱게 잘 사용해 주고 있었던 자리를 비워주었다. 법적인 논쟁도 없었고 조용하게 계약이 체결되고 마무리되었다.

부천 범박동의 세입자는 특히 은인이었다. 몇 년 전 돈 마련을 위해 32평 아파트에 살다가 16평 적은 평수 월세로 이사 가면서 맺은 인연이다. 월세로 계약했는데 세입자는 월세 날짜를 단 한 번도 어긴 적 없다. 당시 나는 부동산 담보 대출 이자를 내야 하는 날이 정해져 있었고 수입이 많지 않을 때라서 월세가 일정하게 안 들어왔더라면 곤란에 처했을 것이다. 월세 계약종료 시점에 보증금을 돌려줘야 할 때도 도움을 받았다. 주택 담보 대출을 받아서 자금을 마련하려고 하다 보니 세입자의 전입이 문제가 되었다. 대출 제도에 맞춰 주소를 먼저 옮겨 달라고 부탁드렸다. 돌이켜 생각해 보니 쉽지 않은 일이었는데 세입자가 나를 믿어 주고 주소를 하루 먼저 빼주어서 무사히 대출받아 보증금을 돌려드렸다.

늦어진 잔금을 드리고 고마운 마음에 식사 약속을 잡았는데 서로 시간이 맞지 않아 약속 날짜가 미뤄지다가 5월 말일날 만나게 되었다. 그런데 그날이 공교롭게 내 생일날이라서 "생일날 밥을 같이 먹네요."라고 말했더니 헤어질 때 케이크까지 사주셨다.

가장 최근 계약 종료를 맺은 파주 금촌 아파트의 세입자도 감사한 분이었다. 그분은 전세자로 살면서 집에 사소하게 고장 난 것이 있으면 즉각 이야기해 주시는 분이었다. 소소한 것은 스스로 고치고 부품 가격만 요구하기도 했다. 그럴 때 나는 감사한 마음에 부품비와 치킨 쿠폰을 보내드리곤 했다. 사람을 불러야 하는 경우 즉각 이야기해 주셔서 큰 손실 없이 빠르게 수리할 수 있었다. 그리고 계약 종료일에 점검하면서 하자보수에 관해 이야기했을 때 자신이 부담하겠다고 말해 주셨다. 그 마음이 정말 고마워서 나는 절반의 금액만을 청구했다. 사는 동안 감사한 분이었지만 이전의 일들로 내가 나름의 규칙을 세운 후라서 세입자님께 절반의 책임을 요구한 경우다.

집을 구하려고 부동산을 다녔던 최초의 날이 생각난다. 임신한 상태였고 단칸방이라도 구하려고 움직일 때였다. 당시에는 모르고 지나친 일들도 지금 생각해 보면 감사할 일들이 가득하다. 거주할 집을 구할 때 전세든, 월세를 내놓았던 분들께 감사하다. 나는 그분들 덕분에 내 공간을 마련했고 좋은 인연을 쌓았다. 그리고 내가 소유했던 집에 전세 혹은 월세로 살았던 분들과도 좋은 관계를 쌓았다.

투자를 하면서도 사람들과 관계가 중요한 역할을 했다. 내가 거주하거나 소유하면서 거래했던 공인중개사, 그리고 역전세 이전에 만났던 세입자분들과의 인연이 새록새록 생각난다. 그리고 나에게 시련과 문제를 만들어 주었던 역전세 이후 만난 겁먹은 세입자, 욕하는 세입자, 더러운 세입자, 무서운 세입자까지도 지금은 감사하다. 문제가 발생하면 해결하면서 나는 감사하게도 성장하게 된다.

6

알아두면 좋은
돈에 대한 지식

기적
만들기

- - - - - - - - - - - - -

    내가 글을 쓰게 된 건 작은 기적들이 모여 이루어진 결과이다. 첫 불씨는 2019년 자존감 강의로 유명하신 김미경 선생님으로 부터다. 김미경 선생님이 MKYU 온라인 학생을 모집했고 그곳에서 독서 모임에 참여했다. 책을 읽으며 책을 좋아하는 사람들과 인연이 만들어졌다.

    2023년 독서 모임을 같이 하는 만화가 연은미 작가님의 소개로 글쓰기 플랫폼에 가입했다. '글로 성장연구소'로 여러 사람들과 글을 쓰며 66일 동안 매일 글쓰기를 완주했다. 플랫폼을 만들고 글쓰기에 동력을 불어넣어 주신 분들은 최리나 작가님과 김필영 작가님이시다.

이후 브런치에 글쓰기를 시작했고, 브런치에서 만나 함께 글을 쓰며 알게된 라라크루도 글로 연결된 감사한 인연이다.

글로 성장연구소의 2024년 강의 계획을 듣고 금융 강의를 온라인으로 진행했다. 총 5시간으로 구성된 〈돈이 보이는 재테크〉는 다음과 같다.

1. 복리와 단리 – 재무 계산기 활용 2. 빚테크(현명한 빚 관리) 3. 재테크의 기본 4. 재테크(상속, 증여, 세금) 5. 일상에서 돈 생기는 팁

'1만 원의 기적'에서 시작해 경제적 자유로 나아가는 과정을 담았다. 금융은 기본 개념만 이해해도 누구나 다룰 수 있다. 단순한 이론이 아닌 실생활에 적용할 팁과 노하우를 공유했다.

이 장에서는 강의 내용을 책에 녹여, 독자가 강의를 듣지 않아도 쉽게 이해하고 활용할 수 있도록 정리했다. 돈을 버는 것보다 현명하게 관리하는 것이 더 중요하다. 아무리 많이 벌어도 저축과 실천이 없으면 부를 이루기 어렵다.

이 책을 읽은 사람에게도 기적이 찾아오길 바란다. 백 원이라도 아끼는 습관이 기적의 씨앗이 되었고, 독서로 맺은 인연이 책을 내는 기적으로 이어졌다. 당신의 삶에도 뜻깊은 기적이 함께하길!

빚에 대처하는 방법

(신용 카드, 은행 대출, 신용 회복, 개인파산, 회생[6], 상속포기[7])

- - - - - - - - - - - - -

나는 빚으로 고민하는 사람들을 많이 보았다. 빚 때문에 극단적

인 선택을 하는 사람들도 많다. 빚은 어떻게 다뤄야 할까? 빚은 자산

6   개인파산, 회생: 자신의 모든 재산으로도 채무를 변제할 수 없을 때 채무의 정리를 위해 파산을 신
청하고, 파산 절차를 통해 변제되지 못한 채무는 면책을 구하는 법적 제도이다. 개인파산 면책 제
도의 목적은, 모든 채권자가 평등하게 채권을 변제받도록 보장함과 동시에, 채무자에게 면책 절차
를 통하여 남아 있는 채무에 대한 변제 책임을 면제하여 경제적으로 재기·갱생할 수 있는 기회를
부여하는 것이다. 낭비 또는 사기행위 등으로 파산에 이른 경우에는 면책이 허가되지 않는다. 신
청 자격-파산 및 면책은 자신의 모든 채무를 변제할 수 없는 재정 상태에 빠진 사람이 신청할 수
있다. 신청 방법-파산 신청은 신청권자가 관할법원에 파산 원인을 소명하여 파산선고 신청서를
접수하면 된다. 회생은 개인 파산 제도와 비슷하며, 직장이 반드시 있어야 하고, 채무조정을 받아
5년 동안 분할 납부하는 제도이다.

가들에게는 하나의 놀이 도구가 된다. 그런데 일반인들은 빚을 다루지 못하거나 자칫 길을 잘못 들어 빚의 굴레에 들어가곤 한다. 빚의 굴레에 갇히면 뫼비우스 띠처럼 반복되어 출구를 찾기 어렵게 된다. 그럴 땐 과감하게 가위를 들어 그 끈을 잘라야 한다.

살다 보면 빚이 생길 수 있다. 과정은 제각각 상황이 다를 수 있으니 경우의 수는 생략하기로 한다. 빚을 낼 때 빚을 안 갚으려고 하는 사람들은 거의 없다. 모두가 갚을 생각으로 빚을 낸다. 그런데 아무리 노력해도 빚을 갚지 못하게 되면 어떻게 해야 할까? 가진 것이라고는 빚뿐이라면? 재산은 없고 빚만 무수히 많다면? 빚에 대해 우리가 조금만 잘 알고 대처한다면 우리의 삶이 조금은 편해질지도 모른다.

은행은 대출을 실행시킴으로써 자산을 증축한다. 대기업, 중소기업들도 대출을 일으켜서 자산을 만든다. 자본금보다 많은 금액을 대출받아서 자산을 증식한다. 빚을 내어 마련한 자산으로 사업하고 돈을 번다. 최초 자본금으로 이득을 얻는 것보다 부채로 커진 자산

---

7 상속포기: 상속인의 지위를 포기하는 것으로, 재산과 빚 모두 물려받지 않겠다는 것이다. 상속은 재산 상속만이 아니라 채무도 상속된다. 따라서 상속 재산이 하나도 없더라도 피상속인이 채무를 지고 있는 때는 상속인들이 그 채무를 상속하게 돼 이를 변제해야 하는 의무를 지게 된다. 이 경우 상속인은 상속 포기나 상속 한정승인을 택할 수 있다. 상속받을 재산보다 채무가 더 많으면 상속인은 재산과 채무를 모두 포기하는 '상속 포기' 신고를 할 수 있다. 상속 포기 신고는 상속 개시가 있음을 안 날로부터 3개월 이내에 가정법원에 해야 한다. 한정승인은 상속인이 상속에 의하여 취득한 재산 한도 내에서만 피상속인의 채무와 유증(遺贈)을 변제하는 상속 또는 그와 같은 조건으로 상속을 승인하는 것이다.

으로 더 큰 수익을 올려 레버리지 효과를 얻는다. 개인도 물론 레버리지 효과를 위해 대출받을 수 있다. 다만 금융권은 자연인에게 가장 적게 대출을 허용한다. 적절한 이율로 빚을 내서 대출 이자보다 큰 수익을 낸다면 개인도 레버리지 효과를 얻는다는 결론에 도출한다. 부채를 자산으로 만들고 다룰 것인가? 빚을 두려워해서 외면할 것인가? 빚에 대한 트라우마로 빚을 기피하는 사람들도 많다. 그건 모두 개인의 선택이다.

신용관리는 곧 돈이다. 신용이 좋으면 대출이 쉽다. 신용 카드 대출금을 혹시 연체해 본 경험이 있는가? 한 개의 연체로 다른 금융 기관도 도미노처럼 영향을 받는다. 많은 사람이 신용이 '돈'이라는 개념을 인식하지 못한다. 그러나 신용을 잘 활용한다면 돈을 만들 수 있다. 누군가 신용을 활용하지 않더라도 신용은 확실한 자산이다. 금융 기관들은 연체 정보를 공유한다. 대출 정보나 연체 정보를 공유하는 건 건전한 금융관리를 위해 필요하다. 특정 개인 정보는 유지되지만 신용평가에 대한 정보는 공유된다. 이미 짜인 금융 기관의 규칙에 대해 불평불만을 가질 필요는 없다. 다만 현재 금융 기관 시스템을 이해하고 내가 할 수 있는 것을 하는 것이 중요하다.

신용을 유지하고 신용 사회를 사는 건 편리한 일이다. 신용 카드를 사용하고 대출을 이용한다면 우리의 삶에 여러 가지 기회를 얻을 수도 있고 신용 카드를 사용하는 것 자체가 각종 편리함을 누리는 것임을 정확하게 인식해야 한다.

금융권에 빚을 갚지 못하면 어떻게 될까? 금융 기관은 즉각 연체 정보를 공유하고 신용 카드를 사용하지 못하게 만든다. 신용 대출도 막힌다. 당연하다. 부동산이 있으면 부동산 가압류 및 지급 명령이 진행된다. 통장, 급여, 보증금, 유체동산 등이 압류될 수 있다. 부동산은 경매가 진행되고, 유체동산도 경매가 진행된다. 계속해서 빚을 못 갚고 해결 방안을 찾지 못했을 때 경험해야 하는 일들이다. 빚이 생기면 불편하다. 타인이 알면 창피하다. 그러나 그것뿐이다. 재산이 있는 경우 해결 방안을 찾지 않고 방치하면 일이 더 커지고 재산상 손해를 감수해야 한다. 그러나 재산이 없다면 불편함만 감수하면 된다.

상황을 방치하지 않고 방법을 찾으면 불편은 해소된다. 빚이 생겼을 때 제일 먼저 이 부분을 고민해 볼 필요가 있다. 나에게 재산이 있는가? 있다면 지키기 위해 어떤 방법을 사용해야 할까? 섣불리 명의 이전이나 증여로 재산을 처분하는 건 아주 위험한 일이다. 그건 민사 소송으로 끝날 일을 형사 소송의 빌미를 주는 것이기 때문이다. 재산에 대한 처분은 신중하고 확실하게 법을 지키며 법 테두리 안에서 방법을 찾는 게 중요하다.

정리하면 신용이란 무형의 자산이다. 신용이 좋을수록 내가 받는 혜택을 크게 만들 수 있다. 그러므로 신용을 지키고 활용하면 재산을 늘리는 데 보탬이 될 수 있다. 그러나 신용이 아무리 좋아도 활용하지 않는다면 무용지물이다. 신용이 좋을 때 신용을 활용하지 못하고 신용이 나빠지면 그 불이익만을 경험하는 사람들이 많다. 신용은 일정 기간에 나빠질 수도 좋아질 수도 있다. 좋을 때 활용하고 나쁠 때도 활용할 수 있다. 그 활용법에 대해 몇 가지를 이야기하려고 한다.

신용이 좋은 사람들은 좋은 신용으로 레버리지를 누릴 투자를 알아보는 것도 좋다. 이자를 지급하는 것 이상으로 수익을 낼 수 있다면 남는 장사를 하는 것이다. 그러나 위험한 투자는 투자가 아니라 투기가 될 수 있다. 투기와 투자를 반드시 구분해야 한다. 만약 계획과 달리 빚이 많아지고 빚을 갚는 게 힘들어질 때 반드시 자문해 보자. 신용을 지키고 신용을 유용하게 사용하는 게 나에게 유리한가? 아니면 신용을 포기하고 다른 방법을 찾는 게 유리한가? 신용이 망가져서 빚을 못 갚게 되면 대한민국은 금융 구제 제도를 이용할 수 있다. 신용 회복, 개인회생과 파산. 잘 알고 있는 내용이라면 생략해도 좋고 모른다면 한 번 정도는 구분해 놓는 게 좋다.

신용 회복은 협약된 금융 기관을 통틀어 한 번에 신용 회복위원회에 신청할 수 있는 제도다. 제2금융권을 이용하거나 신용 카드 대금, 카드론을 이용하거나 신용 카드 대금이 연체됐을 때는 이자가 상당하다. 신용 회복은 이자 없이 최장 96개월 동안 원금을 나눠서 상환할 수 있다. 연체 개월 수에 따라 원금 감면이 일부 되기도 한다. 부동산이 있거나 급여가 있는 사람은 압류, 경매되면 재산 손해를 보게 된다.

법원에서 집행권원이 결정되고 압류가 진행되는 데는 시간이 필요하다. 그 기간 이내에 조속히 신용 회복을 신청하면 압류나 경매를 정지시키고 채무변제를 자발적 계획하에 진행할 수 있다. 프리워크아웃, 일반워크아웃에 따라 채무 감면(조정) 금액은 차이가 난다. 신용 회복신청 시 채무조정된 금액에 대해 매월 상환 금액은 반드시 소득금액이 증빙돼야 승인된다. 신용 회복과 비슷한 제도로 자영업자들에게 새 출발 기금은 코로나 이후에 생긴 금융 제도이다. 감면금액이 훨씬 크기 때문에 대상자는 많은 혜택을 받을 수 있다. 신용회복의 특별한 장점은 2년 동안 성실납부하면 신용이 살아난다는 점이다. 즉 신용 생활이 가능하다.

회생이나 파산은 법원을 통해 구제받을 수 있는 제도이다. 빚이 재산에 비해 상당히 많으면 유용하다. 회생의 경우 직업이 꼭 필요하고 소득에 따라 채무조정을 받는데, 소득이 적다면 일부만 변제하고 나머지는 탕감할 수 있다. 단, 소득이 높고 재산이 있는 경우에는 오히려 신용 회복보다 더 많은 금액을 내야 할 수도 있기 때문에 주의해야 한다. 납부 여력이 충분한 경우 원금에 대해 감면을 못 받을 수도 있으며, 이자까지 내야 할 수도 있기 때문에 재산과 빚, 소득금액을 꼼꼼하게 확인할 필요가 있다.

파산과 회생은 비슷한 제도로 파산은 납부 여력이 없는 사람은 면책 결정이 되면 채무를 갚지 않아도 된다. 회생, 파산 둘 다 5년 후에는 신용이 초기화된다. 즉 신용 생활이 가능하다.

신용 카드는 의외로 자체적인 감면 혜택이 많은 기관이다. 재산이 없는 경우 신용 카드 대금은 3개월 이상 연체 시 감면 혜택을 실시하는 곳들이 많다. 이자 100%, 원금은 30%~40% 감면받을 수 있다. 특수채무자 기초생활수급자, 장애인, 70세 이상 고령자, 중증장애인의 경우 감면 폭은 훨씬 늘어난다. 각 금융사에서 원금 감면을 받을 수 있는 대상자가 된다면 당사의 신용 카드사용만 제한될 뿐 신용상 불이익도 없다. 한두 군데 신용 카드 채무만 있다면 신용 회복보다 더 좋은 금액으로 채무상환이 가능하다.

빚을 불치병이나 사생결단의 문제로 인식하지 않기를 바란다. 빚은 빚일 뿐이다. 갚으면 그만이고 못 갚더라도 회생의 길은 많다.

민법과
형법

- - - - - - - - - - - - -

법은 사회를 유지하기 위한 필수 지침서다. 각 국가는 국민 대다수가 더불어 살아가기 위해 공동의 선으로써 〈법〉이라는 기준을 세웠다. 대한민국도 법치국가이다. 보통 사람들은 법을 지키며 살지만, 법에 대해 잘 모르고 살아간다. 그러나 법을 전혀 모르면 낭패를 볼 수 있다. 돈과 관련된 법을 조금이라도 알아두자.

돈과 관련한 법은 형사적 책임과 민사적 책임 두 가지를 유념해야 한다. 쉽게 말해 형사적인 책임은 감옥에 가는 것이고 민사적인 책임은 돈을 갚는 의무를 법적으로 감수한다는 의미다. 돈과 관련한 형사적인 법 집행으로 대표적인 것은 사기죄가 있다. 보통 빚은 대부분 민사적인 책임만 뒤따른다. 형사적인 책임이 따르려면 돈을 사용한 사람이 빚을 안 갚는 상황이나 원인이 중요한 쟁점이 된다. 보통 형사적인 책임에 해당하려면 그 의도가 악의(알고 있는)에 해당해야 한다. 설혹 선의(모르고 있는)라고 주장하려고 한다면 그것이 보편타당해야 한다.

민사는 더 간단하다. 돈에 대한 책임을 묻는 법절차가 민사사건이다. 빚을 준 쪽(채권자)은 법의 보호를 받고 빚을 진 쪽(채무자)은 민사적인 법 조치를 감수해야 한다. 어떤 법적인 절차가 진행되어야할까? 나도 모르게 순식간에 압류가 되고 경매가 될까? 그렇지는 않다. 법 조치는 엄격한 절차에 따라 진행된다.

채권자는 채무자가 약정된 채무를 갚지 않으면 집행권원을 득해야 한다. 집행권원이 있어야 가압류가 아닌 본압류를 할 수 있기 때문이다. 집행권원이란 지급 명령과 본안소송으로 나뉜다. 혹은 개인회생이 인가 후 폐지됐을 경우 도산집행문이라는 집행권원이 생긴다. 법원은 무분별한 법 조치를 막기 위해 법원으로부터 집행권원을 우선하도록 제도를 만들어 놓았다.

부동산같이 확실한 물건이면 채권자는 공탁하는 번거로움이 있어도 채권 보존을 위해 부동산 가압류를 감행한다. 급여도 가압류를 하는 곳들이 있다. 그러나 채권압류(예·적금통장, 보험, 전월세보증금 등), 유체동산 압류의 경우는 집행권원이 있어야 강제 법 조치를 가능하게 해 놓았다.

가압류[8]는 채권을 보존하는 데 의미가 있다. 경매를 진행하거나 압류하려면 반드시 집행권원이 필요하다. 법원은 채무자에게 서류를 발송한 후 이의 제기할 시간적 여유를 준다. 채무자가 이의 제기 기간 내에 이의 제기하지 않으면 소는 확정된다.

지급 명령을 신청할 때는 보통 채권자의 개인 정보가 필요하다. 개인의 경우 주민등록번호, 개인사업자는 사업자번호, 법인은 법인번호, 주소(초본 주소), 송달주소, 채무자명이 필요하다. 본안소송은 개인 정보인 주민등록번호가 없어도 주소와 이름으로 가능하다. 지급 명령과 소송은 전자 독촉, 전자소송으로 인터넷으로 공동인증서로 로그인해서 법 조치를 신청할 수 있다. 지급 명령은 빠르게 결정문이 나온다면 3주면 완료될 수도 있다. 주소 보정명령[9]이나 이의

---

8 가압류는 금전채권 또는 금전으로 환산할 수 있는 채권에 대하여 장래 강제집행이 불가능하게 되거나 이행이 곤란하게 될 경우를 대비하여, 미리 일반담보가 되는 채무자의 재산을 압류하여 현상을 보전하고, 그 변경을 금지함으로써 장래의 강제집행을 보전하는 절차로 법 조치 결정까지 짧은 시일이 소요된다. 가압류는 가처분과 더불어 집행보전절차라고도 하는데, 이들의 본안소송은 급부소송이다. 가압류는 보전될 권리를 소송물로 하는 본안소송 및 강제집행의 존재를 예정하는 점에서 부수적인 성격을 띠고 있으나 그 자체는 가압류명령을 발하는 절차와 이 명령을 특별한 집행권원으로 하여 행하는 집행절차로 나누어지고, 이 두 절차는 각각 판결 절차와 강제집행절차에 대응하므로 강제집행에 관한 규정이 원칙적으로 준용된다.

9 민사 소송을 진행하는 중 원고가 피고에 대한 자료가 부족할 경우 법원에서는 보정을 하기 위한 [보정명령서]를 발급하는데, 피고의 주소, 주민등록번호 등을 확인할 수 있는 [주민등록초본] 또는 [가족관계증명서] 등을 발급받을 수 있게 도와주는 명령서이다. 소장 작성 시 미흡한 부분에 대해 보정하여 제출하라는 법원의 명령서. 원고는 이 보정명령을 받은 날로부터 7일 안에 상대방(피고)의 주소를 소명하는 자료를 첨부(주소변동이 없는 경우도 포함)하여 주소보정을 해야 한다. 송달료의 추가납부가 필요한 경우에는 주소보정과 함께 금액을 납부해야 하며, 이 보정명령은 재판장의 명에 따른 것으로 기한 내 주소보정명령서 제출하지 않을 시 소장이 각하될 수 있다.

제기가 있다면 조금 더 늦어질 수도 있고 보통은 4주에서 5주 이내에 확정된다. 소송은 최소 2개월 이상 길게는 1년 이상도 소요될 수 있다.

'지급 명령이 결정되면 압류가 진행된다고?' 그렇다면 지급 명령 결정을 늦출 수 있을까? 결론 먼저 말하자면, 있다. 채무자의 주소지가 불분명한 경우 주소보정이 떨어질 수 있다. 그렇게 되면 소송은 다소 더 시간이 소요된다. 주소지 불분명으로 끝내 주소보정을 해도 채무자가 서류를 안 받는다면 법원은 공시송달로 지급 명령을 확정한다. 그럴 때 6주에서 8주 정도 면 집행권원이 결정된다.

혹시 시일을 더 늦출 수 있을까? 그렇다. 이의신청을 하게 되면 판사는 조정을 통해 소를 진행한다. 지급 명령으로 원활한 협의가 진행되지 않는다면 지급 명령이 취소되기도 한다. 채무자의 이의 제기가 지극히 개인적인 사유더라도 법원은 그 의견을 무시하진 않는다. 만약 지급 명령이 취소되면 채권자는 다시 본안소송을 진행한다. 그렇게 되면 소송 확정까지 꽤 긴 시간을 끌 수도 있다. 시간을 끌어서 채무자가 얻는 건 강제 법 조치 시일을 늦추는 결과를 얻을 수 있다. 일부 채무자는 채무조정에 앞서 신용 회복을 할지 회생이나 파산할지 결정할 시간을 벌기 위해 이의 제기를 신청하고 소송 확정을 늦추기도 한다.

결과적으로 빚을 지면 민사 소송이 진행된다. 형사 소송이 진행되지는 않는다. 그런데 일반적인 빚을 진 경우더라도 사기죄에 해당하는 경우가 있다. 예를 들면 자동차나, 렌털 같은 할부금융의 경우 갚을 의사 없이 처음부터 재산을 빼돌릴 의도가 있었다고 판단되면 형사 고소 대상이 될 수 있다. 그러므로 빚을 지더라도 고의성이 없었다는 점을 명확하게 하기 위해서라도 돈을 일부라도 갚는 게 좋다. 단 한 번도 갚지 않거나 재산을 임의로 처분하게 되면 훨씬 더 곤란한 상황에 부닥칠 수 있게 된다.

형사 고소 대상이 되는 경우는 대부분 고의성이 인정될 때 해당한다. 물품 대금, 할부금융은 고의성이 없었다고 판단된다면 형사 고소 대상 건에서 제외된다. 임금체불, 사업자가 고용인에게 임금을 못 주었을 때 형사 고소 대상이 되기도 한다. 또한 고의성이라는 면에서 사해행위는 형사 고소에 해당한다. 사해행위는 채무자가 채권자에게 빚을 갚지 않기 위해 악의(고의)적인 방법을 써서 재산을 처분하거나 은닉하는 행위를 사해행위라고 한다. 이렇게 채무자가 사해행위를 저질렀다면 채권자에게 채권자취소권이라는 권리를 행사할 수 있다. 채권자는 채권자의 책임재산을 보전하기 위해 그 취소를 법원에 청구할 수 있는 권리를 가진다.

예를 들어보자. A는 X에게 사기를 당했다. 이자를 1부로 주겠다고 하고 5천만 원을 빌려 갔으나 갚지 않고 도주하였다. A가 할 수 있는 법 조치를 생각해 보자. X는 A뿐 아니라 여러 사람에게 5억 이상의 돈을 편취했다. A는 X를 사기죄로 고소할 수 있다. X가 경찰에게 잡혀 1년 형을 받았다고 가정하자. X가 출소했는데 부유한 생활을 하는 것으로 보인다. A는 억울하다. A는 X에게 민사 소송을 해야 한다. 민사 소송과 형사 소송은 완벽하게 별개의 사건이다. 형사사건으로 형 집행을 살았다고 해서 빚을 갚는 게 아니다. A는 전자 독촉으로 지급 명령이나 본안소송을 해야 한다. 그래야 추후 X가 사용하는 예. 적금통장, 보험, 급여, 부동산 등 재산에 압류할 수 있다. 민사 소송을 하지 않으면 X가 선의로 A에게 돈을 갚지 않는 이상 돈을 받을 방법이 사라진다.

민사 소송에서 염두에 두어야 하는 사항이 있다. 바로 채권의 소멸시효 완성 시기이다. '권리 위에 잠자는 자를 법은 보호하지 않는다.' 이는 스스로 각 개인이 권리를 찾지 않는다면 법은 개인을 대신하여 보호해 주지 않는다는 말이다. 채권별 소멸시효 완성 기산시점은 각기 다르다. 개인 간 대여금 채권 10년, 상거래 채권 5년, 공사대금, 용역 대금, 물품 대금 3년, 식대, 학원비 1년, 동산 보관 및 사용료 청구 1년이다. 특히 개인 간 대여금 빌려준 돈의 소멸시효가 10년으로 이는 별도의 차용증, 지불각서 등의 서류가 없어도 계좌 이체 및 돈을 빌려준 증거를 제출할 수 있다면 10년 내 소 청구가 가능하다. 만약, 돈을 현금으로 빌려주었고, 증거가 전혀 없거나 증인도 없다면 안타깝지만 청구하기 어려울 수 있다.

소멸시효 연장하는 사례를 기억하자. 법원에 시효연장, 청구 소송, 가압류, 가처분 등의 보전처분을 접수하여 결정받는 일, 경매, 강제집행 등과 배당받는 일, 통장압류 및 압류를 통한 추심금액을 받는 일 등은 법원을 통해 이뤄진 절차이며 이외에도 채권자가 채무자에게 직접 서류 및 돈을 받아 연장되는 사례도 있다. 직접 청구 및 서류 작성 사례로는 채무자의 승낙 후 작성된 지불각서, 차용증, 현금 및 계좌 이체 등으로 변제, 동의한 경우다.

동의하에 작성된 공정증서, 채권·채무 소멸시효를 연장하는 방법은 많다. 채권자는 자신의 권리를 지키기 위해 적극적으로 법적인 조치를 해놔야 한다. 때를 놓쳐 채무자가 재산을 형성해도 청구하지 못하는 상황을 만들지 말아야 한다. 단시일 내에 받기 어려운 채권도 반드시 채권 보존해 놔야 한다.

A가 아무런 법 조치도 하지 않고 X가 돈이 없는 것 같다고 생각되어 민사 소송을 진행하지 않았다면 10년 후에는 소멸시효가 완성되어 법적으로 받을 수 없는 돈이 된다.

▶ **떼인 돈 받아드립니다. (셀프 법조치)**

변호사 선임, 법무사 선임, 채권회사에 채권위임 등 돈을 받기 위해 선택할 방법은 많다. 그러나 배보다 배꼽이 큰 경우도 많다. 그리고 이미 돈을 못 받아서 형편이 안 좋은데 다시 비용을 내서 돈을 받아야 한다니 지레 포기하는 때도 있다. 그러나 못 받은 돈을 너무 쉽게 포기하지 말자.

혹시 빌려준 돈을 못 받았다면 어떻게 해야 효과적으로 돈을 받을 수 있을까? 돈을 빌려주거나 거래처에서 받을 돈을 못 받았다면 지체 없이 집행권원을 받는 게 좋다. 집행권원은 법적으로 받을 돈이 있다는 것을 확인받는 서류일 뿐이다. 집행권원이 있어야 이후 강제 압류신청을 할 수 있다.

우선 개인 간 돈을 빌려줄 때는 현금으로 주면 확인하기가 어렵다. 반드시 계좌 이체로, 채권자 계좌에서 채무자 당사자 계좌에 이체하면 거래 내용을 인정받는 데 용이하다. 만약 현금으로 빌려주었다면 차용증 혹은 돈을 빌려준 것을 확인하는 서류가 반드시 필요하다.

집행권원의 종류로는 지급 명령, 본안소송, 소액심판 등이 있다. 모두 전자소송이 가능하다. 소송을 하려면 채무자의 개인 정보가 필요하다. 개인은 주민등록번호, 법인은 법인번호가 필요하다. 돈을 빌려줄 일이 있고 그 돈을 받아야 한다고 생각한다면 반드시, 반드시 돈거래 당시에 신분증 사본을 받아두자.

소송절차는 어떻게 하는 게 좋을까? 소송전에 우선 채권자는 채무자에게 내용증명을 발송하는 게 좋다. 내용증명을 발송할 때 채무자와의 증빙서류를 함께 동봉하면 소송할 때 훨씬 간단하다. 소장 작성은 전자소송에 들어가면 절차대로 따라 하면 된다. 생각보다 쉬워서 혼자서도 소송하는데 무리가 없지만 잘 모르겠다면 관련 영상들을 조금만 찾아보자.

개인 정보가 없다면 지급 명령은 불가능하고 본안소송을 하면 된다. 내용증명 서류 일체는 반드시 보관해 두었다가 소송할 때 첨부서류로 등록하면 된다.

소송이 확정되어 집행권원을 획득했다면 조금 더 적극적인 강제 법 조치가 가능하다. 채권압류(예·적금 통장, 급여, 보험, 전월세보증금), 부동산 압류 및 경매, 유체동산압류 및 경매도 신청할 수 있다.

좋은 마음으로 돈을 빌려준 것인데 왜 이런 절차까지 감수해야 하냐고 묻는다면? 사실 이런 걸 감수하기 싫다면 안 해도 된다. 당연히 당사자의 선택이다. 그러나 이런 것조차 하지 않고 쉽게 돈을 받는 경우가 오히려 드물다. 만약 빌려준 돈을 쉽게 받았다면 그건 어쩌면 엄청난 행운임이 분명하다.

여기서 잠깐, 왜 지체없이 집행권원을 득해야 한다고 했을까? 돈을 빌려준 사람은 돈을 못 받으면 마음이 급해진다. 그러나 돈을 빌린 사람이 마음이 편하면 그 돈은 받기가 아주, 어렵게 된다. 그래서 돈 빌린 사람 마음이 불편해야 돈 받기가 수월해진다. 불편해진다는 게 기분 나쁘게 만들라는 뜻이 아니다. 우선순위를 정할 때 먼저 정하도록, 채무자가 돈을 빨리 갚아야 한다는 생각이 들도록, 즉, 채무자가 급해지도록 안내하라는 것이다.

서로의 관계 때문에 법 조치가 꺼려진다면 조금만 생각해 보자. 만약 준 돈이 아니라, 받을 돈을 끝까지 못 받았다면 돈거래 당사자 관계가 좋게 유지될 수 있을까? 채권·채무 관계가 청산되면 오히려 관계가 다시 좋아질 수도 있다. 그러나 끝끝내 돈을 떼였다면 그 관계는 망가지기 쉽다. 집행권원이 있다고 해서 바로 압류하는 것이 아니기 때문에 집행권원은 요식 절차에 불가하다.

상속과
증여

상속이라고 하면 우선 재산에 대한 상속을 제일 먼저 생각한다. 상속의 개념을 알아보자. 일정한 친족 관계가 있는 사람 사이에서, 한 사람(자연인)이 사망한 후에 다른 사람에게 재산에 관한 권리와 의무의 일체를 이어 주거나, 다른 사람이 사망한 사람으로부터 그 권리와 의무의 일체를 이어받는 일을 말한다. 여기서 사망은, 직접적인 사망의 조건 외에도 실종선고, 인정사망도 법률적으론 모두 사망한 것으로 보기 때문에 다 인정된다.

상속에서 중요한 사실은 상속되는 재산에는 채무, 즉 빚도 포함된다는 것이다. 위에서 권리와 의무의 일체라는 말에 주목하자, 이 때문에 상속 시 빚이 많아 마이너스 재산을 받게 되는 때도 있다. 이런 경우를 위해 상속 포기와 한정상속 승인 제도가 있다. 상속 포기는 개인에 한한 권리로 상속대상자가 여러 사람일 경우 후순위 상속자도 연이어 상속 포기를 해야 한다. 보통 대표 한 사람이 한정상속 승인하는 경우가 더 많다. 한정상속 승인하면 상속인은 피상속인의 재산 중 빚을 변제하고 남은 금액은 상속 재산으로 갖게 된다. 이때 빚이 재산보다 많을 때 재산을 처분한 금액만큼만 빚을 갚고 나머지 빚은 상속 포기하게 된다. 상속 후순위권자가 되는 사람들이 있다면 한정상속이 일 처리를 간단하게 처리하는 방법이 된다.

상속 재산에는 보통 부동산과 현금성만 포함된다고 생각하기 쉬운데 실제로는 각종 권리, 금융자산, 금융적 의무 또한 포함된다. 만일 A라는 사람이 차로 B를 치어 죽게 한 경우 B가 A에게 청구할 수 있는 손해배상청구권도 상속된다. 하지만 벌금은 상속되지 않는다. 벌금은 재산 문제가 아니라 형벌의 문제이기 때문에 벌금이 상속되면 연좌제 문제가 생길 수도 있기 때문이다. 하지만 미납세금은 따로 한정승인을 하지 않더라도 상속 재산 범위 내에서만 책임을 지게 된다. 추징금도 벌금과 같은 이유로 당사자가 사망하면 그대로 소멸한다.

상속 재산의 확인은 금융감독원의 상속인 조회 서비스에서 피상속인의 금융자산 및 채무를 확인할 수 있으며 국토교통부에서 부동산을 확인할 수 있다. 단 피상속인이 사망한 후에 조회할 수 있다. 고인을 떠나보낸 슬픔도 슬픔이지만 적어도 상속 포기 가능 기간인 3개월 이내에는 꼭 확인해 보도록 하자. 그래야 피상속자 채무를 떠안지 않게 된다. 만일 기간이 더 필요할 것 같으면 미리 가정법원에 상속 포기 기간 연장 허가 심판청구를 하는 것을 고려해 보아야 한다.

상속의 순위에 대해 알아보자. 각 순서에 해당하는 사람이 있는 경우 최우선으로 상속되고 최우선 상속권자가 없으면 다음 단계로 권리가 넘어간다. 1.직계비속, 배우자 2.직계존속, 배우자 3.배우자 4.형제자매 5.4촌 이내의 방계혈족 6.특별연고자 7.법원 공고 후 국고귀속. 배우자는 직계비속(나를 기준으로 낮은 세대: 자녀, 손자, 증손), 직계존속(나를 기준으로 높은 세대: 부모, 조부모, 증조부모)이 있는 경우 동 순위 상속권자가 되며 자녀가 한 명 있을 때 자녀=1, 배우자=1.5로 상속되고, 자녀가 두 명일 때는 자녀 a=1, 자녀 b=1, 배우자=1.5로 상속된다.

상속은 민법에 규정한 법률로 가족을 구분한다. 주의할 점은 상속에서 배우자는 사실혼을 인정하지 않는다는 점이다. 법률상 혼인 신고가 된 자만을 배우자로 상속권을 인정한다. 자녀의 경우 법적으로 입양했을 경우 상속권자가 되며, 호적과 상관없이 유전자 검사를 통해 친자로 확인되면 상속권자가 된다. 자녀의 성별은 상관없고 모두 다 같은 1:1:1로 호적상 자녀, 양자, 친자가 같은 상속 비율을 갖는다. 배우자는 1.5를 갖게 되어 자녀보다 50%를 더 받게 되나 자녀

수가 많을수록 배우자 한 명보다 자녀들의 권리가 커지게 된다. 다만 자녀가 미성년자일 경우 부모는 미성년의 권리를 맡아서 관리할 수 있다.

두 가지 예를 들어보자. 알콩(남)과 달콩(녀)이 결혼식을 올리고 신혼여행을 갔다. 둘은 혼인신고 전이다. 사고가 났고 알콩(남)이 사망했다. 알콩의 재산 상속권자는? 알콩과 달콩이 혼인했으므로 달콩? 안타깝지만, 전혀 아니다. 알콩의 부모가 된다. 알콩과 달콩이 혼인신고를 안 했기 때문이다. 그런데 만약 몇 개월 후 달콩이 임신 사실을 알았다. 이후 달콩이 아이를 낳는다면 알콩의 재산상속권은 달라질까? 달라진다. 바로 달콩이 상속권자가 된다. 분명히 말하자면 달콩은 아니고 알콩과 달콩의 자녀가 상속권자가 된다. 그러나 자녀는 미성년 자녀이므로 알콩의 재산을 자녀의 법정대리인으로 달콩이 받게 된다. 분명하게 달콩은 혼인신고가 안되어 알콩의 상속권자가 아니다. 민법상 배우자가 아니기 때문에 상속권자는 알콩의 친자 한 명이다.

연예인 고 최진실의 죽음은 대중들에게 알려진 일이다. 고 최진실은 고 조성민과 이혼 후 친권, 양육권을 모두 최진실이 갖고 있었다. 최진실이 사망하고 최진실의 어머니가 손자 손녀를 기르고 있었다. 상속권을 알아보자. 최진실은 이혼 시 친권 양육권을 최진실이 가지고 있었지만 사망하면서 친권과 양육권은 친부인 조성민에게 돌아갔다. 상속구성원은 이혼했으므로 자녀 둘이 상속권자가 된다.

상속 재산은 자녀 두 명에게 1:1의 권리가 있다. 그러나 자녀들이 미성년자라서 그들의 양육권자인 고 조성민이 미성년자녀의 권리를 행사할 수 있게 된다. 할머니가 손자를 키우더라도 상속대상자는 될 수 없다. 이혼 가정이 많아서 실제 이런 사례가 넘쳐나고 있다. 실제 고 최진실의 가족들이 그들이 재산을 어떻게 관리했는지는 알 수 없다. 다만 상속법은 이렇다.

피상속인은 재산을 반드시 상속인에게 나누어 주어야 할까? 특정인에게 줄 수는 없을까? 물론 있다. 그러나 모든 재산을 다 준다고 유언장을 작성해도 상속인들도 권리를 행사할 수 있다. 바로 유류분 청구 소송의 권리를 갖기 때문이다. 유류분 청구 소송은 법으로 보장하는 권리다. 피상속인이 특정인에게 상속 재산을 모두 물려줄 경우라도 상속권자들은 원래 본인의 상속 재산의 50%는 유류분 청구 소송으로 권리를 가져올 수 있다. 피상속인이 사망할 때로부터 과거 10년 전까지 증여한 재산 모두는 상속 재산으로 계산된다.

증여세와 상속세 세율표는 2024년에 크게 바뀌었다. 언제든 실시간으로 검색하면 나오는 정보이므로 생략한다. 상속이 사망을 통해 이루어지는 것과 달리 증여는 살아있는 사람이 재산을 물려주는 것을 말한다. 증여와 상속은 각각 받은 재산에 대해 세금을 내야 한다. 증여세는 2024년에 개정된 내용이 많고 증여에 대해 절세 방법은 차고 넘치기 때문에 생략한다.

사람은·죽으면서 이름만 남기지 않는다. 필연적으로 재산이 남거나 빚이 남는다. 모든 사람이 가족이 사망하면 겪어야 하는 일은 가족을 떠나보낸 슬픔만 있지 않다. 사후 처리, 재산이든 빚이든 상속과 세금에 대한 정산이 필요하다. 몰라도 되는 일이 있지만 반드시 알아야 하는 일들이 있다. 재산을 남겨 놓더라도 상속 재산을 어떻게 처리해야 합리적인지 알아야 하고 빚을 남겨 놓더라도 합리적인 절차로 해결해야 한다. 가슴 아프다고, 세속적이고 돈적인 생각은 하고 싶지 않다고 외면하면 안 된다.

리스크 헤지:
보증 보험 증권, 보험

나는 보험 영업을 할 때 AFPK 한국 재무 설계사 자격증과 CFP 자격증까지 취득했다. 보험 영업을 하는 데 알아두면 좋은 지식이라고 해서 공부했다. AFPK는 한국 FPSB가 주관하는 재무 설계사 자격인증 시험으로, AFPK 자격인증을 받기 위해서는 교육에서 AFPK 교육과정을 수료하고, 시험을 본 후 윤리규정 준수 서약서에 서명하는 세 가지 요건을 충족해야 한다. AFPK는 CFP(국제공인재무설계사) 취득을 위해 반드시 취득해야 하는 인증시험으로 국내에 등록된 민간자격시험이다.

재무 설계 과목은 일곱 가지로 구성되어 있다. AFPK는 이론적인 면만 다루었고 입문 과정으로 고난도는 아니다. CFP는 난도가 높고 실질적인 계산을 할 줄 알아야 한다. 1, 2차 시험으로 나뉘는데 1차는 이론시험이고 2차는 모두 계산식 시험으로 이루어져 있다. 계산식은 재무 계산기를 통해 계산을 도출해야 한다. 재무 설계원론과 재무설계의 윤리와 법률, 위험관리와 보험설계, 투자설계, 부동산설계, 은퇴 설계, 세금 설계, 상속설계로 분야별 재무관리에 대한 이론을 습득하고 결괏값으로 정확한 숫자를 산출할 수 있어야 한다.

그중에 위험관리는 보험 부분에 해당한다. 재무설계를 세울 때 리스크 관리를 할 줄 알아야 한다. Y가 종잣돈을 5년 동안 1억을 모았다고 가정하자. 이후 투자를 통해 5년 후에 5억으로 자산이 늘었다. Y가 돈을 모으고 투자하는 과정에 비상예비자금 없이 저축만 했다면 Y에게 계획이 틀어지는 일이 발생할 수도 있다. 그러므로 재무 목표를 세울 때 비상예비자금을 별도로 마련하거나 보험을 통해 리스크를 헤지할 필요가 있다. 일반적으로 재무설계 측면에서 보험은 리스크 헤지의 개념을 갖는다. 꼭 필요한 리스크를 파악하고 준비해야 한다. 그렇다고 과도한 보험료를 책정하면 목적자금을 마련하는 데 어려움을 겪을 수 있다. 자신에게 맞는 보장을 설정하고 비용을 최소화하는 것이 중요하다.

보통 우리나라에서 리스크를 헤지할 수 있는 보험은 크게 세 가지로 나눌 수 있다. 실손 의료보험, 배상개념의 보험(자동차보험이

나 일상 배상책임보험, 운전자보험, 화재보험), 사망보험(정기보험 혹은 종신보험)이다. 이유는 간단하다. Y가 재무 목표를 달성하기 위해서는 사건·사고 없이 계획대로 재무 목표를 달성하면 되기 때문이다. 그런데 Y가 아파서 소득에 차질이 생기거나 예상하지 못한 자신의 병원비가 나온다면? 그 지출만큼을 메워줄 실손 의료보험이 필요하다.

배상개념의 보험도 마찬가지다 불의의 사고로 누군가를 배상 혹은 보상해 줘야 할 때 보험으로 대비할 수 있다. 자동차보험의 경우 배상책임 있는 성격을 갖는 대표적인 보험이다. 운전자 자신을 위한 보험이지만 타인을 더 적극적으로 배상한다. 자동차보험은 보험료가 크지만, 의무보험으로 가입하지 않을 수 없는 필수보험이기도 하다. 또한 사망 담보도 필요하다. Y가 재무 목표를 달성하기 전에 사망한다면 목표를 달성할 수 없다. 실손보험, 배상개념의 보험, 사망을 보장하는 정기보험 세 가지 보험은 꼭 필요하면서 보험료도 크지 않다. 사망보험은 반드시 종신보험으로 할 필요는 없다. 다만 상속재산이 있는 경우 절세차원에서 종신보험을 이용할 수 있다.

보험 영업을 하면서 만난 많은 고객이 보험을 필요 때문에 가입하기보다는 부탁으로 가입하는 경우가 많다는 걸 알게 되었다. 일반적으로 보험은 몇 년 내는 것에 그치지 않고 평생 내거나 20년 이상 내는 경우가 많다. 5만 원 정도의 보험에 가입하더라도 20년이면 50,000×12개월×20년=1,200만 원이라는 사실을 인지하고 가입하는 게 좋다. 보험 가입 전에 반드시 총납입금액을 인지할 필요가 있다. 자신이 가입하는 보험이 리스크 헤지가 목적인지 저축이 목적인지, 혹은 보장을 많이 받기 위한 것인지 절세를 위한 것인지 구분하면 좋겠다. 자기만의 명확한 뜻이 있어서, 자신의 의지로 가입했다면 좋은 보험을 해지하거나 도움이 안 되는 보험을 납입하는 일은 줄어들 것이다.

자동차가 있는 사람이라면 누구나 자동차보험에 가입한다. 의무보험이고 가입하지 않으면 벌금을 내야 하므로 무조건 가입한다. 보통 1년으로 가입한다. 담보는 대인 1, 대인 2, 대물, 자손/자상, 무보험, 자차로 이루어져 있다. 의무보험은 책임보험이라고 불리고 대인 1[사망 1억 5천만 원, 부상 3천만 원, 후유장해 1억 5천만 원], 대물[2천만 원]으로 금액에 한도가 있다. 책임보험만 가입해도 벌금은 납부하지 않는다. 보통 책임보험 보험료가 벌금보다 더 저렴하므로 보험에 가입하는 경우가 훨씬 많다. 대포차나 사고 차량의 경우에는 무보험차가 간혹 있는데 무보험차(보험에 가입하지 않은 자동차)와 사고날 경우 보험처리를 받으려면 국가 보장 제도를 이용해야 한다.

자동차보험은 사고의 피해가 대인은 무한이기 때문에 대부분 종합보험으로 가입하는 경우가 많다. 적지 않은 보험료를 납부하지만 많은 사람이 담보를 확인하지 않는 경우가 많다. 보통 1년 평균 자동차보험이 100만 원 정도에 해당하는 큰 금액인 데도 매년 갱신 시 담보를 점검하지 않고 전년도와 똑같이 가입하는 경향이 있다. 무의

식적으로 가입한다면 앞으로는 점검해 보자. 대물은 2억으로 해놓았다면 충분한가? 보통 5억에서 10억으로 대물을 늘려도 보험료는 1년간 1만 원 정도 차이뿐이다.

그러나 혹시라도 좋은 자동차나 여러 개의 자동차와 사고가 났을 때는 자동차보험료 1만 원 아끼려다 자신의 자산을 모두 탕진할 수 있다. 자손/자상은 나와 나의 동승자를 위한 보험이다. 자손은 과실상계하는 담보라서 자상으로 가입하는 것이 보상의 범위를 넓히는 것이다. 자상으로 하면서 담보금액도 높이는 게 좋다. 대인담보는 무한으로 가입하면서 나와 나의 동승자에 대한 담보에는 한도도 정하고 치료비도 금액을 제한하는 게 맞는지 생각해 볼 필요가 있다.

자동차보험은 아무 생각 없이 가입하는 사람들이 많다. 그러나 꼼꼼하게 한 번쯤을 알아둘 필요가 있다. 유튜브나 인터넷을 검색해 보면 각 담보별 차이를 쉽게 구분해 놓은 채널을 찾아볼 수 있다. 운전하고 자동차보험에 가입하는 사람이라면 알아두어야 할 상식이다. 그리고 운전자보험은 별도로 가입할 수도 있고 자동차보험에 특약으로 가입할 수도 있다. 자동차 사고는 말 그대로 사고로 운전자의 의지와 상관없이 발생할 수 있는 재난이다. 사고로 인해 재산을 탕진하는 일은 없어야 할 것이다. 자동차보험이 민사적인 책임을 감당한다면 운전자보험은 형사적인 책임과 행정적인 책임에 대한 기본담보로 구성된다.

재무 목표를 세우고 달성해 나가는 당신은 계획대로만 된다면 파이어족도 되고 평안한 노후를 맞을 것이다. 그러기 위해 리스크 헤지는 꼭 필요하다. 나와 당신의 목적 달성을 응원한다.

세금

　모든 사람은 세금을 낸다. 그런데 많은 사람이 착각한다. 세금 고지서에 나온 세금을 내야만 세금을 낸다고 인식한다. 그러나 의식주를 하며 살아가는 사람은 소비를 통해 부가가치세를 낸다.

　부가가치세는 최종소비자가 낸다. 소비하는 물건에 면세상품을 제외하면 물건값에 우리나라의 경우는 10%의 부가가치세가 포함되어 있다. 소비품의 무려 10%나 되는 적지 않은 금액이다. 물품을 판매한 판매업자는 부가가치세를 원천징수하고 소비자를 대신해 부가가치세를 납부한다. 매출 금액의 10%를 내며 모두 최종소비자가 물건값에 포함해 이미 지급한 금액이다. 판매업자가 중간 유통자라면 매입 금액과 판매 금액에 차이가 발생한다. 그러면 매입세액공제를 받고 납부한다. 부가가치세를 납부하는 사업자는 여러 가지 방법으로 세금을 줄이기도 한다. 아이러니하게도 최종소비자들은 부가가치세를 줄일 방법이 없다. 절세라는 개념에 부가가치세는 최종소비자인 실제 납부자는 열외된다.

우리가 내는 세금 중에 부가가치세 말고 어떤 세금들이 있을까? 소득세(근로소득세, 종합소득세, 기타소득세, 사업소득세, 이자소득세, 배당소득세, 양도소득세) 법인세, 상속세, 증여세, 종합부동산세, 개별소비세, 교통 에너지 환경세, 취득세, 재산세, 농어촌특별세, 지방교육세, 주민세 등), 그리고 국민건강 의료보험과 국민연금도 세금의 특성을 보인다. 이 중에 어떤 세금이 절세할 수 있을까? 대표적으로 근로소득세, 종합소득세, 양도소득세, 상속세, 증여세는 절세할 수 있다.

대한민국 국민은 어떤 식으로든 돈을 벌면 세금을 납부해야 한다. 보통 세금은 누진과세를 하므로 소득이 높을수록 내는 세금이 커진다. 세금 중에 금액이 상당 부분 크게 차지하는 것이 소득세에 해당한다. 소득세를 줄여 환급받기 위해 많은 근로 소득자들이 13번째 급여를 위해 소비에 신경 쓴다. 신용 카드, 현금영수증 사용을 생활화하고 부양가족 수를 챙기고 의료비, 보장성보험. 교육비 등을 신경 쓴다. 각기 항목별 한도와 소득금액을 대비하면 큰돈을 아니지만 무신경한 것보다는 환급을 더 많이 받을 수 있다. 각 품목의 절세 내용은 많은 근로 소득자들이 챙기고 있으므로 자세한 언급은 생략하기로 한다. 다만 세금혜택이 크지만 놓치고 지나치는 부분에 관해 이야기해 보자.

개인연금저축은 세액 공제받을 수 있는 연금이다. 연금저축에 가입하면 연간 300만 원에 대해 세액 공제되며 종합소득금액 4천만 원 이하는 13.2%, 종합소득금액 4천만 원 초과는 16.5%로 세액공제 가능하다. 쉽게 말해서 연금저축이율과 별개로 세금으로 환급받는 현금이 396,000원, 혹은 495,000원이 된다는 것이다. 1년에 총 300만 원에 대한 이자로 여긴다면 반드시 저축 및 절세해야 하는 금액이다. 요즘엔 1년짜리 적금 이자가 연 16.5%짜리 이자를 주는 상품이 없다. 절세를 목적으로 가입하면 그대로 매년 받을 수 있는 세금 환급금이 된다. 또한 노란우산공제는 연간 400만 원까지 세금 환급해 주기 때문에 소득이 높아 소득세를 많이 내는 사람은 가입하면 반드시 이득이 된다.

양도소득세는 부동산의 매도액과 매수금의 차익금에 대한 세금이다. 건물을 10년 전에 10억 원에 샀다가 20억 원에 팔면 10억 원에 대한 양도차익이 발생한다. 그렇다면 양도차익만큼 양도소득세를 내야 한다. 양도 소득 세율표는 종합 소득 세율표와 같다. 그런데 부동산 중 유일하게 주택에 대해서는 1가구 1주택일 때 양도세를 면제해 준다. 거주를 목적으로 하는 주택에 한정된 혜택이므로 자세히 알고 있으면 도움이 된다.

예를 들면 A가 아파트를 10년 전 10억 원에 샀다가 20억 원에 팔면 A는 양도소득세를 면제받는다. 상가건물이나 토지는 반드시 납부해야 하지만 주택에 한해 절세가 가능하다. 1가구 1주택은 주택가격에 따라 양도소득세 전액 면세받는다. 1가구 1주택 양도소득세 면제 조건은 1세대가 1주택을 2년 이상 보유하면(단, 조정 지역은 2년 이상 거주까지 해야) 12억 원까지는 비과세 된다. 다주택자나 가족 중에 주택을 보유한 사람이 있다면 비과세 혜택을 누릴 수 없다. 1가구 1주택에 해당하는 가족이란 직계존비속 그리고 형제자매까지를 말한다.

일시적 1가구 2주택자도 면세받을 수 있다. 즉 집을 두 채 가지고 있는 기간이 겹치더라도 요건을 맞춘다면 양도소득세를 면제받는다. 2년 이상 보유하고 있던 집을 취득하고, 1년 후 새집을 취득했을 경우, 기존에 있던 집은 3년 안으로 처분하면 된다. 그런데 집이 두 개고 일시적 2가구 요건이 안 된다면 집을 매도하는 순서를 정하면 절세할 수 있다. 예를 들어 두 개의 집이 있는데 한 개는 양도차익이 크고 나머지 한 개는 양도차익이 적다. 그렇다면 양도차익이 적은 집을 먼저 매도하고 양도소득세를 납부한다. 그리고 나머지 1가구 1주택자가 되었을 때 양도차익이 큰 집을 매도하면 후에 판 집은 면세된다.

상속세와 증여세를 줄이는 방법도 많다. 부동산, 예금과 같은 명의를 그대로 상속이나 증여받는다면 세금을 줄이는 데 어려움이 있다. 그러나 현금을 상속받거나 증여받는 건 세금 추징이 어렵다. 또한 상속권자가 돈을 빌린다면 빌린 돈에 대한 세금은 없다. 합법적으로 이자를 주지 않더라도 일정 금액(2024년 세법상 2억 원)까지 증여세가 면세된다. 만약 빌린 돈이 2억이 넘더라도 이자를 준다면 실질적으로 증여가 아니므로 증여세를 내지 않아도 된다. 합법적으로 증여하는 방법으로 사업장을 차리는 경우도 많다.

돈을 벌었는데 세금이 과도해서 세금 내고 나니 번 돈이 상당 부분 줄어드는 경우를 볼 때가 있다. 양도차익이 커질수록, 소득이 커질수록 세금은 당연히 커진다. 세금은 모두 누진과세를 하기 때문이다. 절세를 조금씩 나의 지식으로 가져와서 투자에 접목한다면 더 큰 수익을 낼 수 있을 것이다. 세금을 이해하려면 반드시 공부가 필요하다. 그러나 지금 당장 모든 지식이 필요한 건 아니다.

'세금을 줄일 방법이 있다.' 이것을 머릿속에만 저장해 두자. 돈이 생기면 세금이 따라온다. 어떤 돈이 생겼는지 확인하고 그와 관련된 세금에 대해 검색하는 것이 중요하다. 그리고 내가 발생시키는 소득에 세금을 적게 할 수 있는지 투자 시점 이전에 검색하고 내 것으로 만들어 가자. 가장 중요한 건 투자하기 위한 종잣돈을 만드는 것이다. 그 기간이 제법 길어도 상관없다. 재테크 지식, 세금 지식을 알아가면 되기 때문이다.

이자: 복리와
단리

- - - - - - - - - - - -

　투자하려면 뭐가 필요할까? 돈이다. 돈이 돈을 벌게 하려면 우선 돈을 만들어야 한다. 눈사람을 만들기 위해 우선 눈을 뭉치듯이 돈도 뭉칫돈을 만들어야 한다. 종잣돈을 마련하기 위해 은행으로 가보자. 은행에 정기적금에 가입해서 성실하게 저축하면 이자가 발생한다. 은행이자 계산 방법은 단리 계산법이다. 30만 원씩 3년 동안 연 5% 정기적금에 가입했다. 예금원금 합계: 10,800,000원 세전이자: 832,000원, 이자과세(15.4%) 128,205원, 세후이자: 704,295원. 세후 수령액 11,504,295원.

3년 후 11,000,000은 정기예금 3년짜리를 가입하고 50만 원은 저축하느라 고생한 자신을 위해 옷 한 벌도 사고 맛있는 음식을 먹기 위해 외식도 한다. 3년이 지났기 때문에 소득이 약간 늘었다. 다시 새롭게 40만 원씩 3년 동안 연 5%에 정기적금에 가입한다. 다시 3년 후에는 예금과 적금 만기다. 예금원금 합계 11,000,000원, 세전이자 1,980,000원, 이자과세 304,920원, 세후이자 1,675,080원, 세후 수령액 12,675,080원. 적금 40만 원에 대한 원금 14,400,000원, 세전이자 1,110,000원, 이자과세(15.4%) 170,940원, 세후이자 939,060원, 세후 수령액 15,339,060원. 6년 동안 정기적금 30만 원, 40만 원으로 모은 돈 총 28,014,140원.

종잣돈을 모은다는 것은 단순한 돈의 축적이 아니다. 그것은 인내와 결심의 흔적이며, 작은 씨앗이 자라나 거대한 나무가 되듯이 한 푼 한 푼이 모여 가능성을 싹틔운다. 단리라는 느린 걸음마일지라도, 꾸준히 쌓이면 언젠가는 단단한 기반이 된다. 저축은 단리의 이자로 불어나지만, 물가는 늘 복리로 늘어난다. 전년 대비 100원 하던 아이스크림이 10%가 올라 110원이 되었다. 다음 연도에 다시 10%가 오르면 120원이 되는 게 아니라 121원이 된다. 똑같은 10%가 늘어나도 전년 대비 더 큰 금액이 늘어나게 된다.

2024년 8월, 마트에서 애호박 하나가 3,800원이라는 가격표를 달고 있었다. 그 순간, 나는 잠시 현실을 의심했다. 어제의 가격이 오늘의 기억이 되고, 내일은 또 어디까지 오를까? 끝없이 치솟는 물가는 마치 예고 없는 폭풍처럼 우리 일상을 덮쳐버린다. 예측불허의 날씨 같은 가격표 앞에 반발심이 들었다. 전년 대비 두 배 이상 오르는 물가는 반칙이라고 경고장이라도 붙여주고 싶었다. 물가에 포함되는 모든 품목이 복리로 늘어난다. 주택가격, 교육비, 의식주를 위한 모든 비용, 교통비, 음식값, 공산품 등 소비재가 복리로 늘어나거나 배로 늘어난다. 10만 원으로 살 수 있는 게 날이 갈수록 적어진다. 마트를 갈 때 바구니에 물건 몇 개 집어넣으면서 자꾸 소심해지는 건 나만 겪는 일일까? 대한민국에서 살림을 살기가 자꾸 힘들어진다. 각설하고 물가가 오르는 만큼 소득도 복리로 늘어난다면 사는 게 더 힘들어지지는 않을 것이다. 그런데 안타깝게도 소득이 발생하는 기간은 유한하고 발생하는 금액이 동결되거나 줄어드는 경우도 발생한다.

그러므로 현실에 적응해 나가려면 나는 반드시 모든 경제활동을 하는 사람들에게 투자가 필요하다고 생각한다. 내 소득이 복리로 늘어날 수 있거나 배로 늘어나는 일에 투자해야 한다. 그리고 복리로 늘어나는 자산을 만들어야 한다. 투자가 특별히 다른 게 아니다. 소득을 늘려주는 원천을 만드는 게 투자다. 세상의 이치가 복리로 흘러가는데 나만 단리의 생활을 하면 그만큼 갭이 발생한다. 위험을 인식하지 못하고 시간을 흘려보낸다면 갭은 격차를 늘린다.

인간의 기대수명이 늘어나고 있다. 과학기술, 의료기술이 발전되면서 아파도 오래 살 수 있다. 그런데 이때 돈이 필요하다. 사람은 태어나면서부터 소비한다. 그리고 죽는 날까지 아니 죽어서 그 후 사후 정리까지 돈을 소비한다. 그런데 돈을 버는 시기는 소비의 시기보다 짧다. 부자로 태어나서 태어난 즉시 이자소득뿐 아니라 각종 소득이 무한 반복 일어나지 않는다면 우리는 소비에 대해 준비해야 한다.

성인이 된 우리는 부양가족이 생기면 그 부양가족을 최우선으로 책임지기 위해 노력한다. 나는 1970년대생으로 부모를 부양했고, 자녀를 부양했다. 그러나 우리의 자녀는 부모를 부양하는 대물림 받기를 거부한다. 그러므로 우리는 우리 자신의 노후도 책임져야 한다. 그러기 위해서 소득을 창출할 수 있는 아바타를 만들 필요가 있다. 그것을 투자로 만들어 보자. 자신의 아바타는 어떻게 만들 것인지 생각해 보자. 이자소득으로? 시스템 소득으로? 임대소득으로? 끊이지 않은 저작권으로? 부동산으로? 금융자산으로?

어떤 것이든 좋다. 우리는 돈을 벌기 위해 노동해 본 경험이 있다. 돈을 버는 건 그만큼의 노고가 필요하다. 일하지 않아도 꾸준하게 소득을 발생시키는 과업을 우리는 각자 진행할 것이다. 쉽지만은 않을 것이다. 그 길에 난관도 만나고 고난도 겪을 수 있다. 그러나 괜찮다. 각 분야에 나만의 비법이 쌓이고 내 것으로 만들어서 나의 아바타 역할을 수행시킬 수 있으면 된다. 지금부터 하면 된다. 우리는 어쩌면 우리가 생각하는 것 이상으로 아주아주 아주아주 오래 살 가능성이 크기 때문이다.

경매

- - - - - - - - - - - - - -

　부동산으로 돈을 버는 건 간단하다. 저렴한 물건을 사고 최대한 적정한 가격을 받고 팔면 된다. 그리고 세금을 최대한 적게 내면 이득이 커진다. 그중 경매, 공매는 참 매력적이다. '경매'라는 말을 못 들어본 사람은 거의 없다. 그러나 경매는 생각보다 조심할 점이 많다. 부동산 경매를 할 때 알아야 할 주요 지식을 정리해 보면 다음과 같다.

　1. 경매 절차 이해: 경매의 기본적인 절차와 단계, 즉 입찰, 낙찰, 대금 납부, 소유권 이전 등을 이해해야 한다.

⇨ 관할 법원에 직접 방문해서 입찰하며, 본인이 직접 방문하면 신분증을 가져가면 되고, 대리인이 법원에 가려면 대리인 서류가 필요하다. 입찰 시 입찰 보증금은 최저 매각 가격의 10%의 금액을 법원에 가져가야 한다. 통상적으로 은행에서 10%에 해당하는 수표를 발행한다. 입찰에 참여할 때 10%의 입찰 금액과 입찰 서류를 작성해서 제출한다. 입찰 결과는 당일 확인할 수 있다. 입찰에 실패하면 보증금은 바로 찾아간다. 낙찰이 확정되면 지정된 날짜까지 잔금을 납부하고 소유권을 이전받을 수 있다.

2. 부동산 감정 평가: 경매에 나오는 부동산의 시장 가치를 파악하기 위해 감정 평가를 이해하고, 유사 매물과 비교하는 방법을 배워야 한다.

⇨ 보통 처음 경매하는 사람에게는 시세가 확실한 아파트를 경험해 보라고 당부하고 싶다. 일반 단독주택, 다가구 주택은 정확한 시세 파악이 어렵기 때문에 감정 평가를 잘못하는 경우가 부지기수다.

3. 법적 사항: 경매 물건의 소유권, 저당권, 임대차 관계 등 법적 문제를 확인해야 한다.

⇨ 경매를 공부해야 하는 가장 중요한 점이다. 법원 사이트나 경매 사이트에 임차 관계나 저당권이 상세하게 나오는 매물도 물론 있다. 그러나 임차권의 경우 최우선 변제권에 대해 임차인이 신고를 안 해도 법원에서 권리를 보장하기 때문에, 법적인 문제를 전부 알 수 없다. 예를 들어 시세에 비교해서 70% 미만으로 낙찰받았는데

임차권이나 미확인 저당권이 나중에 확인되었다면 낙찰자는 모든 비용을 부담해야 한다. 자칫 잘못하면 시세보다 더 비싸게 낙찰받는 상황이 될 수도 있다.

4. 입찰 전략: 입찰 가격 결정 및 경쟁자에 대한 분석을 통해 효과적인 입찰 전략을 수립해야 한다.

⇨ 경매하고자 한다면 반드시 법원에 본인이 직접 참여할 것을 당부하고 싶다. 경매를 대리하는 업체가 많은데 그들은 높은 금액으로 낙찰받더라도 낙찰이 성공해야 대행 수수료를 받는다. 업체는 비싸게 낙찰받더라도 낙찰을 받는 게 이득이고, 손해를 감당하는 것은 낙찰자다.

5. 재정 계획: 경매에서 낙찰된 후 발생할 수 있는 비용(세금, 수수료 등)을 포함한 전체 재정 계획이 필요하다.

⇨ 경매를 잘 받게 되면 시세보다 저렴하게 받았다는 걸 의미한다. 은행에서 대출은 최대 90%까지 가능하다. 그러나 이건 낙찰을 시세보다 저렴하게 받았다는 전제가 필요하다. 10%는 입찰할 때 이미 입찰 보증금으로 냈기 때문에 잔금은 대출받으면 별도의 추가 돈은 필요 없다. 다만 대출을 최대한도로 받았더라도 이자와 세금에 대한 돈은 추가로 고려해야 한다.

6. 경매사이트 활용: 인터넷 경매 사이트를 통해 다양한 물건을 조사하고, 경매 일정 및 결과를 확인하는 방법을 익히면 좋다.

⇨ 경매에 참여할 때는 커뮤니티를 활용해도 좋다. 경매 사이트

중에는 유료 사이트도 많은데 정보가 더 많아서 많이 활용한다. 커뮤니티를 활용하면 서로 도움을 받을 수 있다.

7. 경매 관련 법령: 부동산 경매와 관련된 법률 및 규정을 숙지해야 하며, 특히 주택임대차보호법과 같은 관련 법률에 대한 이해가 필요하다.

⇨ 법, 세금, 규제 등은 자주 변한다. 내가 투자하려는 상품이 무엇이든 그와 관련한 법 조항을 알아보는 게 중요하다. 알아본다는 것은 내가 어떻게 활용할 수 있는가에 대한 전략을 세워야 한다는 말이다. 이는 바로 비용, 돈과 직결된다.

8. 관심 없는 분야는 몰라도 된다. 다만 관심 있는 분야는 알아보면 된다. 최신 정보를 찾아보는 게 가장 좋다. 정보는 적극적으로 찾아보면 어디에서든 쉽게 알 수 있다.

핏빛처럼 선명한 꿈 그리기

사람은 누구나 원하는 대로 순간을 살아간다. 아니다. 내가 그랬고 지금도 여전하다. 사람 참 안 변한다.

다이어트를 한다고 결심했지만, 순간의 만족, 먹는 것에 대한 행복을 충족시키기 위해 음식물을 입에 넣는다. 당연히 살이 찔 것을 알지만 잠깐의 기쁨을 만끽한다. 맛있는 음식을 상상하는 것만으로 기분이 좋아진다. 막상 눈앞에 맛있는 음식이 보이면 자동 발사로 손이 나간다. 손이 먼저 반응하고, 입은 쉬지 않는다. 씹을 새도 없이 삼켜버린다. 허기진 배를 채운다기보다, 마음의 허기를 채우려는 듯

끝도 없이 음식을 밀어 넣는다. 입안에 달콤함을 음미하고 목구멍으로 넘기며 무아지경에 빠진다. 포만감으로 몸이 둔해지고 속이 불편해질 만큼 먹고 만족한다. 그리고 운동까지 외면한다. 피곤한 몸을 어느 정도 쉬어 줘야 한다며 자신에게 면죄부까지 알차게 챙겨준다. 과도하게 흡입한 음식은 에너지로 발산하지 못한 채 체내에 쌓이고 가스를 유발하고 살이 되고 지방으로 축적된다.

내 인생은 늘 내 손으로 선택해 온 결과다. 매 순간 내가 원하는 대로 살아온 덕에 지금의 내가 있다. 40년 이상의 세월을 지나면서, 이제는 남을 탓할 여유조차 없다는 사실을 깨달았다. 이 세상 그 누구도 내 선택을 대신 해주거나, 모든 길을 완벽하게 제시하지 않았다. 결국, 모든 결정은 내가 내리고, 모든 행동은 내가 실행한 결과다.

하지만 인간은 때때로 위안 삼으려는 마음에 상황을 탓하며, 이유를 붙이고 변명을 늘어놓는다. 거울 속 내 두 턱이 피치 못할 사연을 조용히 이야기하는 듯 보일 때도 있지만, 결국 내가 직면해야 할 진실은 단 하나다. 오늘의 나는, 내가 바랐던 모습이자, 하고 싶었던 선택들이 쌓여 만들어진 결과임을 인정해야 한다. 나는 이렇게 되기 위해, 매 순간 내 앞에 놓인 갈림길마다 스스로의 선택을 거듭해 왔다.

꿈을 그리기 전에 거울을 보자. 거울 속에 비친 모습을 천천히 살펴보자. 거울 속 피사체는 내가 원하는 모습인가? 원하는 모습이 아니라면 시간을 가지고 변화시켜 보자. 단지 외모만 살피자는 게 아니다. 현재의 내가 스스로 만족스러운지 생각해 보자. 47살 현재의 나는 10년 후, 57살이 된 미래의 나를 만들 수 있다. 20년 후, 30년 후의 나의 모습도 그려 보자. 67살에는 어떤 모습으로 거울 속에 존재할 것인가? 77살에는 어떤 모습으로 나와 마주할 것인가?

현재 거울 속에 비친 나를 바라본다. 우선 보이는 건 외모다. 1년 사이 8킬로나 살이 찐 것 때문인지 얼굴이 커졌고 두 턱이 되었다. 피부가 좀 상했지만, 얼굴빛은 생기가 있다. 눈을 바라본다. 나에게 안부를 묻는다. '잘 지내? 오늘은 어땠어? 요즘 힘든 일은 없고? 재미난 일은 하고 있어? 운동은 하고? 일은 어때? 사람들과는 어떻고? 가족들은? 사랑하면서 살고 있나?' 거울 속의 나를 바라본다. 낯선 듯 익숙한 얼굴. 나는 나에게 속삭인다. '넌 누구니? 이렇게 살아도 괜찮겠어? 그래, 나는 더 나아질 수 있어. 건강한 모습으로, 더 밝게 빛날 수 있어. 예쁘게 살자.' 거울 속 비친 내 모습이 비록 살이 쪄서 외모는 마음에 들지 않지만, 눈빛은 쉼 없이 빛난다. 감사한 일들이 새록새록 생각나면서 마음이 따뜻해진다. 사랑하는 가족들과 좋은 시간을 보내려면 건강해야 한다는 다짐을 하게 된다.

다짐할 때도 계속 거울을 보자. 자기 모습을 한동안 관찰하자. 원하는 모습이 거울에 비치는가? 그렇다면 축하한다. 혹은 원하지 않는 모습이 보이는가? 그렇다면 우리 함께 결심하고 노력해 보자. 매 순간 결정하는 나의 의자가 내일의 나를 만든다. 아직 우리에겐 시간이 있다. 살아 있는 한 내일은 바꿀 수 있다. 원하는 모습으로 살기 위해 선명하게 꿈을 그려 보자. 원하는 재정 상태, 외모, 무엇이든 상관없다. 내가 바라는 나의 모습을 핏빛처럼 선명하게 그려보자.

시각화하기 위해 그림을 그려도 좋고 목표한 돈이나 건물 등 사진을 찍어서 붙여 놓고 매일 보면 좋다. 원하는 몸무게를 수치로 적고 원하는 몸매를 사진으로 붙여 놓자. 지금 당장 1개월 후, 1년 후에 모습이 변하지 않아도 된다. 차차 변하면 된다. 살아 있는 시간 동안 나는 내가 바라는 나의 모습으로 변해갈 것이다. 시간이 지난 후 변한 모습은 앞으로 내가 매 순간 나의 선택으로 만들어진 나의 모습일 것이다. 나를 사랑하는 시간을 우리는 매 순간 가져야 한다. 그게 비단 외모나 재무 목표에만 해당하는 건 아니다. 원하는 것들을 모두 기록하자. 바라는 이상향을 모두 현실로 만들어 가자.

나는 나에게 바라는 나의 모습을 기록한다. 몸무게 56킬로 유지하기, 일 신나게 하기, 많이 웃기, 남자 친구와 놀기, 아들에게 든든한 엄마 되기, 매달 지출 이상의 자산 소득 만들기, 3년 안에 유럽 여행 언니랑 2달 동안 다녀오기, 엄마와 시간 보내기, 모든 가족의 휴식 공간이 되어줄 제주도에 집 마련하기, 하와이로 가족여행 가기, 하루를 마감하기 전 감사한 일 복기하기, 가족들에게 사랑하는 마음 표현하기, 내가 사랑하는 사람들을 위한 사소한 봉사하기, 수영 3년은 꾸준히 배우기, 줌바댄스 배우기, 글쓰기, 기타 배우기, 공부하기, 재미있고 의미 있는 삶 살기. 등등

3억 빚더미에서 30억 자산, 오뚜기 하늘이의 부동산 갭투자 성공기

│ 오뚜기 하늘이의 부동산 성공 이야기 │

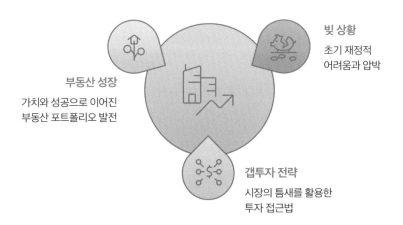

---

1. 빚과 가족

"니들은 왜 나가서 죽지도 않냐?"

어린 시절, 엄마가 화나면 가차 없이 내뱉던 말이다. 가난 속에서 성장하며 나에게 '빚'은 평생의 그림자처럼 따라다녔다.

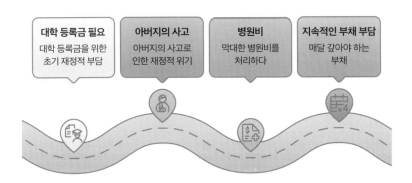

재정적 고난의 순서

대학 등록금 필요	아버지의 사고	병원비	지속적인 부채 부담
대학 등록금을 위한 초기 재정적 부담	아버지의 사고로 인한 재정적 위기	막대한 병원비를 처리하다	매달 갚아야 하는 부채

첫 빚: 대학 등록금

등록금이 없어서 휴학을 할 정도로 열악했다. 언니에게 빌린 카드로 현금을 융통해 첫 등록금은 마련했고, 빚이 시작되었다.

두 번째 빚: 아버지의 총기 사고

아버지의 극단적 선택(사냥총)을 계기로 거액의 병원비가 발생했다. 총 2천만 원 이상을 회사의 신용대출로 해결해야 했고, 이때부터는 매달 원리금에 시달렸다.

세 번째 빚: 명예퇴직 이후 남은 300만 원

대출금 잔액을 전부 갚으려 했는데, 엄마에게 돈을 지원받지 못해 결국 친구에게 사채처럼 300만 원을 빌렸다.

네 번째 빚: '서명 한 장'으로 보증

아버지가 돌아가신 후, 근근히 버티다가 결국 대출 상환을 못 해 집이 경매로 넘어갔고, 내 '연대보증' 서명이 발목을 잡았다. 이미 지나간 일이었지만 뒤늦게 나 혼자만의 채무로 확정돼 거액의 빚을 또 떠안았다.

요약하면, 10대 후반부터 20~30대 초반까지, 나는 '내가 만든 적 없는 빚'과 싸워야 했다. 그러나 역설적으로, 이 경험이 돈의 속성을 파악하고, 어떻게 하면 돈을 '내 편'으로 만들지 깨닫게 해준 출발점이 되었다.

2. 보이스 피싱, 산사태처럼 몰아친 위기

30대 후반, 이제 겨우 숨 돌리며 '부동산으로 자산을 늘려 보자'고 결심했을 무렵, 보이스 피싱이라는 대형 악재가 터졌다.

코로나 시기 + 부동산 규제

이미 집을 매수해 놓고, 기존 집이 잘 안 팔리는 상황이었다. 규제 강화에다가 코로나 때문에 아파트에 확진자가 생기면서 매수자가 전혀 나타나지 않았다.

보이스 피싱 피해

대출을 알아보는 과정에서, 나의 인증번호와 개인정보를 건넸다. 그들이 내 명의로 핸드폰을 발급했고, 소액결제를 무분별하게 사용했으며, 렌털 물품을 수없이 계약했다. 결국 사건은 8개월 뒤에야 그 실체가 드러났고, 난생처음 '사기죄 피의자'가 되어 조사받고, 각종 소송을 당했다.

민·형사 소송의 연쇄적 발생

렌털업체들이 "계약금을 한 번도 납부 안 했다"며 나를 형사 고소했다. 거꾸로 보면 나도 명백한 피해자였지만, 그들을 이해시키려면 엄청난 증빙이 필요했다.

최악의 경우에, 억대의 빚이 새로 생길 뻔했지만, 끈질기게 자료를 모아 소명해 다행히 대부분 무혐의나 소송 취하로 일단락되었다.

몸과 마음이 너덜너덜해졌지만, '도망을 치면 더 큰 구렁에 빠진다'는 걸 알기에 끝까지 맞섰다. 이때부터 부동산에 더욱 집착(?)하면서, '어떻게든 돈을 지켜야 한다'는 절박함이 커졌다.

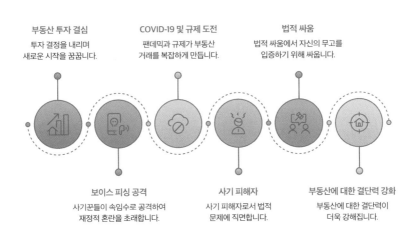

부동산 투자자의 위기 극복

부동산 투자 결심
투자 결정을 내리며 새로운 시작을 꿈꿉니다.

COVID-19 및 규제 도전
팬데믹과 규제가 부동산 거래를 복잡하게 만듭니다.

법적 싸움
법적 싸움에서 자신의 무고를 입증하기 위해 싸웁니다.

보이스 피싱 공격
사기꾼들이 속임수로 공격하여 재정적 혼란을 초래합니다.

사기 피해자
사기 피해자로서 법적 문제에 직면합니다.

부동산에 대한 결단력 강화
부동산에 대한 결단력이 더욱 강해집니다.

3. 3억 빚에서 30억 자산으로 가는 길: 부동산 갭투자

내가 빚을 이겨내고 30억 자산을 만들 수 있었던 핵심은 '부동산'이었다. 워런 버핏이 말한 대로, "잠자는 동안에도 돈이 벌리게 하려면" 투자 소득 이 필요하다고 판단을 했다.

❶ 첫 종잣돈 만들기

저축 원칙

'한 달 수입에서 저축을 우선'으로 하고 나머지로 생활한다.

기간과 목표 금액을 정하고, 그 시기까지는 소비를 최소화했다.

가족과의 합가, 이사

전세 자금 대출을 활용하거나, 내 집을 월세 주고 내가 더 싼 월세방으로

들어가는 등, '불편을 감수'하며 목돈을 만들었다.

청약·임대아파트 경험

24평 임대아파트에 입주 → 5년 뒤 분양 → 시세 차익 발생

이 작은 성공이 '부동산이 의외로 돈이 된다'는 확신을 주었다.

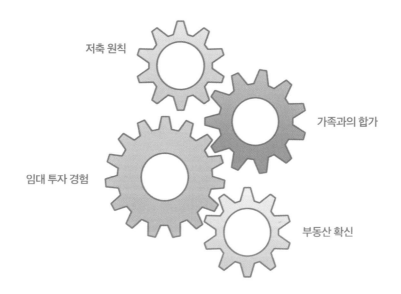

저축 원칙

가족과의 합가

임대 투자 경험

부동산 확신

❷ 갭투자 전략

작은 평수부터

15평, 21평 등 소형 아파트는 전세가율이 높아 '실투자금(갭)'이 작았다.

세입자를 끼고 사는 '갭투자'로 시작해, 2년 뒤 세입자가 나갈 때는 시세가

올라 추가 수익을 얻었다.

지역 선정

직장·생활권이 있는 곳, 혹은 전세 수요가 많은 곳을 우선 선택하였다.

부동산 사장님들과 친해져서 주변 시세, 개발 계획, 세금 정보를 얻었다.

실패와 교훈

음식점 창업, 주식, 코인 등으로 돈을 까먹은 시기도 있었다.

그러나 '결국 부동산은 폭락해도 다시 회복한다'는 믿음으로 장기 보유하

거나 타이밍 좋게 갈아타면서 손실을 보전했다.

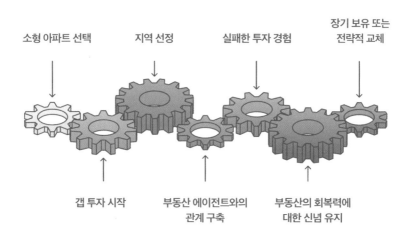

갭 투자 전략

소형 아파트 선택   지역 선정   실패한 투자 경험   장기 보유 또는 전략적 교체

갭 투자 시작   부동산 에이전트와의 관계 구축   부동산의 회복력에 대한 신념 유지

4. 역전세 파동과 세입자 갈등

부동산이 오를 때만 해도 마냥 승승장구할 같았지만, 한 번 꺾이는 순간 '역전세'가 대량으로 터졌다.

전세 보증금이 시세보다 높아지면, 만기에 세입자에게 돌려줘야 할 거액을 마련하기가 어려워진다.

겁먹은 세입자

"혹시 전세금 못 돌려주는 거 아니냐?"라고 불안해하며 연락을 한다.

급히 돈을 구해 일부 보증금을 낮춰주거나, 새로운 세입자를 구하는 등 집주인도 고생이 심했다.

욕하고 협박하는 세입자

"왜 집을 갭으로 샀느냐, 돈 없으면서 사기다." 하소연이 폭언이 되고 소송하겠다고 위협하고….

억대 보증금을 마련하려고 대출을 받아 이자 부담이 커져도, 집주인이 버텨야 했다.

더럽게 쓰고 떠난 세입자

집 상태가 엉망이 되어, 수천만 원을 들여 도배·수리해야 하는 일도 빈번했다. 보증금을 너무 급히 돌려주다 보니 원상복구 비용을 청구할 겨를도 없이 끝나는 경우가 많았다.

무서운 세입자(이사 비용 갈취)

특정 세입자는 "이미 진행한 이사 날짜를 못 맞추겠다"며 이사 비용을 요구

했다. 분명히

매매 계약에 세입자가 확정해 준 날짜로 계약했는데, 일방적으로 말을 바꾼 것이다.

부당함을 인지했지만, 결국 나는 제삼자(매수인)에게 피해를 끼치지 않으려 울며 겨자 먹기로

이사비용 일체를 주기로 약속했다.

하지만 잔금 지급 후에라도 '나도 내 권리를 지키겠다'고 결심했다.

이런 온갖 갈등 끝에 깨달은 건, "세입자를 배려하면서도, 내 권리를 분명히 지켜야 한다"는 원칙이다. 빚을 물어주느라 정신이 팔리면, 집 상태 복구나 집주인 권리를 놓치기 쉽다는 교훈을 얻었다.

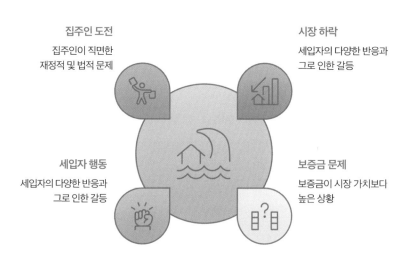

부동산 시장의 갈등 요인

집주인 도전
집주인이 직면한
재정적 및 법적 문제

시장 하락
세입자의 다양한 반응과
그로 인한 갈등

세입자 행동
세입자의 다양한 반응과
그로 인한 갈등

보증금 문제
보증금이 시장 가치보다
높은 상황

5. 마침내 30억, 그리고 새로운 도약

싱글맘 파이어족 선언

40대 중반, "더는 돈에 끌려다니지 않고 내가 하고 싶은 일을 하며 살자"고 결심해 파이어족이 되었다.

실제로 1년여 쉬며 자유를 맛봤지만, 부동산 하락기와 가족 사정으로 다시 일을 시작하였다.

2년 동안 매월 소득으로 가족들과 함께 공존하는 것에 힘썼고, 이후 다시 출퇴근과는 작별을 고했다.

'돈은 생물'이라는 믿음

돈을 싫어하면 돈도 사람을 떠난다. 많은 빚과 만났지만 한번도 '난 가난해' 라고 생각한 적이 없다.

가족, 그리고 희망

가장으로서 오랫동안 가족의 빚을 감당해 왔지만, 동시에 가족 덕분에 내가 무너지지 않았다.

"3억 빚에서 30억 자산"이라는 숫자는 어쩌면 크지 않을지도 모른다. 서울 시내 아파트 한 채 값일 뿐이다.

그러나 흙수저로 태어나 가족을 건사한 내가 해냈으니, 누구든 할 수 있다고 말하고 싶다.

앞으로의 목표

큰 평수나 멋진 집을 욕심내기보다, 철저히 투자성·수익성을 따져서 더 안전한 현금 흐름을 만들 계획이다.

가족에게 가난이 대물림되지 않도록, 돈을 제대로 알아가고자 한다.

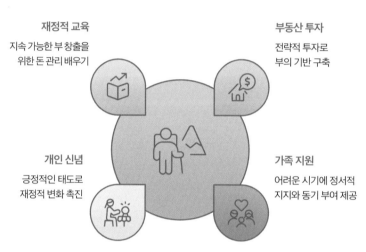

재정적 자유와 개인 성장의 길

재정적 교육
지속 가능한 부 창출을
위한 돈 관리 배우기

부동산 투자
전략적 투자로
부의 기반 구축

개인 신념
긍정적인 태도로
재정적 변화 촉진

가족 지원
어려운 시기에 정서적
지지와 동기 부여 제공

오뚜기 '하늘이' 생각

나는 10대부터 30대까지 줄곧 남의 빚을 갚느라 살았다. 40대에도 보이스 피싱, 역전세 같은 '인생의 폭풍'이 몰아쳤다. 그러나 지치고 쓰러질 때마다, '그래도 방법은 있다'고 스스로에게 주문을 걸었다.

결국, 3억 원대 빚을 청산하고 30억이라는 자산을 만들 수 있었다.

마음껏 여행하고, 언제든 쉬고 싶을 때 쉴 수 있는 자율성을 갖게 되었다.

때로는 잠시 멈추거나 다시 일터로 복귀하는 선택도 자유다.

이 모든 건 끝없는 시련을 피해 가지 않고 맞섰기에 가능했다. 돈은 흘러가는 강물 같아서, 지도를 잘 보고 댐을 쌓아야 내 물이 된다.

"나도 당신과 똑같이 빚더미에서 시작했다. 하지만 누구나 마음먹으면 가능하다."

이 글이, 빚과 싸우며 막막해하는 누군가에게 작은 희망과 실천의 에너지가 되길 바란다.

당신의 봄날도 분명히 올 것이다.

재정적 회복과 성장

결단력 있는 태도
극복을 위한
결단력 있는 태도

자산 축적
재정적 안정과
자산 축적

희망의 메시지
다른 사람들을 위한
영감과 희망 메시지

02

04

06

03

빛 청산
빚을 청산하기 위한
전략적 노력

05

01

재정적 투쟁
초기 빚과
재정적 어려움

개인적 자유
여행과 자율성의
즐김

정리의 말

1. 빚과 가족

어려운 가정사, 병원비, 보증 빚 등으로 시작된 마이너스 인생이었다.

2. 보이스 피싱 사건

보이스 피싱범에게 명의 도용을 당했고, 그들의 사업 수단에 의해 사기죄 피의자로 조사받고, 다수의 민사 소송을 당했다.

3. 부동산 투자

갭투자, 청약, 임대아파트 분양 등을 통해 종잣돈을 마련하여 자산을 불릴 수 있었다.

4. 역전세와 세입자 갈등

갑작스러운 부동산 하락기, 전세금 돌려주기 등으로 빚이 다시 증가하였다.

5. 각종 세입자와의 트러블로 수리비, 이사비 등 많은 비용 지출

흙수저로 태어나 3억 원의 빚을 모두 갚고 마침내 30억 원의 자산을 일구었다. 싱글맘으로서 파이어족을 꿈꾸고, 돈을 생물처럼 여기며 꾸준히 투자하고 있다. 힘들어도 정면 돌파하면 마침내 자산 증식을 이룰 수 있다는 진리를 깨달았다.

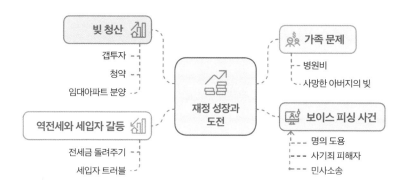

오뚜기 하늘이의 재정 성장과 도전

빛 청산
- 갭투자
- 청약
- 임대아파트 분양

역전세와 세입자 갈등
- 전세금 돌려주기
- 세입자 트러블

재정 성장과 도전

가족 문제
- 병원비
- 사망한 아버지의 빛

보이스 피싱 사건
- 명의 도용
- 사기죄 피해자
- 민사소송

☑ 보이스 피싱 피해 사례 및 예방책

보이스 피싱 피해 사례 개요 및 특징

구분	주요 내용
(1) 의심스러운 청구 문자	• 신용 카드 청구서에서 전혀 모르는 300만 원 이상 결제되어 있음. • 카드사/통신사-대리점을 오가며 확인했더니, 본인은 모르는 '핸드폰 번호'가 개통되어 해당 요금이 청구됨.
(2) 대출 문의 과정에서 개인 정보 유출	• 추가 대출을 빙자한 사기 전화로 접근 • 신분증 사본·계좌 번호·계좌 비밀번호·인증 번호 등을 그대로 전달 • 이를 통해 범죄에 모르고 기록되며, 각종 통신 요금이 피해자의 명의로 청구
(3) 2차·3차 피해로 확장	• 휴대폰 요금 무제한으로 내었으나, 이후 가전제품 렌털, 사기(형사 고소), 무단 출금 등으로 확대 • 카드론 신규 후에도 자동 상환 청구가 이어져 수백만 원 이상의 추가 피해 발생

보이스 피싱 주요 유형

구분	주요 내용
(1) 금융 기관 사칭 대출 사기	• '저금리 대출 가능', '추가 대출 승인' 등으로 접근 • 신분증, 보안카드, OTP, 인증 번호 요구 • '일정 금액이 돈이 필요하다'는 심리를 파고들어 명의 도용 진행

(2) 수사 기관·금융감독원 등 공공기관 사칭	• 경찰·검찰·금감원을 사칭해 '계좌가 범죄에 연루'됐다며 겁을 줌 • 안전 계좌 이동 제안, 개인 정보·금융 정보 제출 요구 • 두려움을 유발해 빠르게 송금·이체하도록 유도
(3) 택배·공공요금·병원비 등 일상 청구 사칭	• '택배 반송 안내', '공과금 미납' 등의 문자 발송 후 링크 클릭(스미싱)이나 앱 설치를 유도 • 악성 앱 설치·개인 정보 입력을 통해 금융 정보 탈취
(4) 지인을 사칭한 긴급 송금 요청	• 메신저(카톡 등)로 지인 프로필을 도용 후 '휴대폰 고장, 임시 번호'라며 접근 • '급히 돈이 필요하다' 등 복잡한 상황을 조성해 확인할 틈 없이 송금하게 만듦.
(5) 통신비·요금 개통 사기	• '본인 인증' 절차를 빌미로 피해자 명의를 도용하여 여러 대의 휴대폰 개통 • 소액 결제·할부금 등을 모두 피해자 부담으로 전가

사기 방지 위한 유의 사항

구분	주요 내용
(1) 개인정보 제공 시 무조건 의심하기	• 은행·공공기관은 전화·문자로 카드번호 전부, 인증 번호, 보안카드 전체 번호 등을 요구하지 않음 • 낯선 연락에서 각종 서류를 발급하라 할 때, 즉시 의심
(2) 너무 쉽고 빠른 대출 조건은 함정일 가능성	• 정상 금융기관은 신용 서류 심사 시간이 필요 • '즉시 승인', '당일 대출'을 강조하면 보이스피싱 의심 • 해당 은행 대표 번호나 공식 앱을 통해 확인 후 결정

(3) 수상한 앱·링크 설치 주의	• '택배 반송', '환급금 조회' 등을 이유로 링크 클릭·앱 설치를 유도하면 거부 • 반드시 공인된 앱 스토어(Google Play, App Store) 외의 출처 불분명 앱 설치 금지
(4) 카드 분실 신고 등 통제에 얽힌 경고 주의	• 휴대폰 요금 통합으로 카드 개통을 자동 상환 설정할 수 있음. • 분실 신고 시 상황에서의 '온라인 자동 결제 해지하세요'를 주의
(5) 피해 발생 시 즉각 신고하고 관련 기관에 사고 사실 알리기	• 조금이라도 이상하면 112(경찰), 1332(금감원)에 문의 • 이후 은행카드 사용이나 서류 접수, 신용카드 분실, 통신사 이중 개발 신고 등 빠른 조치로 2차 피해 예방

내게도 일어날 수 있는 일

구분	주요 내용
(1) 보이스피싱은 남의 이야기가 아니다	• 사기범들은 피해자의 급박함을 이용해 대출·인증·명의도용을 재빨리 진행 • 단 한 번의 인증 번호 제공만으로도 휴대폰 개통, 렌털, 대출 피해가 발생할 수 있음
(2) 예방이 최선	• 낯선 전화·문자에서 개인정보를 요구하면, 대표번호를 통해 기관에 직접 사실 확인 • '나는 절대 안 당해'라는 생각이 가장 위험. 항상 의심하고 확인
(3) 체계적인 대처	• 이미 피해를 입었다면, 즉시 카드사·통신사·은행에 사고 접수 및 112·1332 신고 • 경찰서 방문 시 진술서, 통신 대리점 가입 내역, 신용 카드명세 등 필요 서류를 준비하여 수사 협조

참고 연락처 　• **경찰청 112** 즉각적 범죄 신고 　• **금융감독원 1332** 전화금융사기(보이스 피싱) 피해 상담
　　　　　　　• **은행과 통신사 대표번호** 공식 홈페이지 참고

☑ 보이스 피싱 피해 사례와 대처 내용

사례 구분	피싱 내용	피해 규모	조치	결과 및 교훈
사례 1 : 금융기관 대출 사기	"저금리 대출"을 빙자한 전화, 저축은행, 카드회사 사칭. 인증을 제시 후 다음 절차로 유도.	1,000만 원 이상 손실	피해 확인 즉시 금융 기관에 신고 후 사기 신고. 개인정보 노출 방지.	피해 금액 회수 불가. 개인정보 악용 사례로 주의 필요.
사례 2 : 지인을 사칭한 대출 사기	메신저 친구를 사칭하며 "급히 돈이 필요하다"고 요청. 송금 후 연락 두절.	피해 없음	메신저 삭제, 추가 피해 방지를 위해 앱 제거 및 상황 설명.	피해 사전 방지 성공, 사전 주의 필요성 인식.
사례 3 : 투자 사기	정확한 투자 정보"를 강조하 며 고수익을 보장. 소액 투자 후 추가 입금 요구.	3,000만 원 이상 손실	추가 입금 중단. 은행 및 경찰서에 피해 상황 즉시 신고.	초기 단계에서 사기 의심했으나, 피해 방지 어려움.
사례 4 : 택배 회사 사칭과 개인정보 탈취	택배를 확인하라"는 문구와 링크 클릭을 요구. 개인정보와 인증번호 요청.	피해 없음	문자 삭제 및 알림 중지. 추가 개인정보 제공 금지.	피해 방지 성공 사례, 경각심 상시 요구.
사례 5 : 긴급 상황 빙자 사기	"사고로 병원에 있다"는 메시지와 금전 요구. 정황상 거짓임을 알 수 있음.	피해 없음	신고 및 피해 방지. 사실 확인	사기 예방법으로 신중한 대응과 상황 인지의 중요성 강조

사례별 교훈 요약

- **피해 방지 방법**: 초기 의심 신고를 통해 피해가 감소될 수 있으므로 즉각 신고와 대처가 필요합니다.
- **교훈**: 대처 사기 의심 상황에서 반드시 직접 확인하거나 의심스러운 행동을 우회하는 손실이 줄어듭니다.
- **상세한 사례**: 의심 단계에서 신속히 대처하면 손해 예방 가능.
- **필요한 행동**: 항상 필요한 전 행동 및 법적 채권 필수이며, 빠르게 증거를 취득 및 신고.

나는 글쓰기와는 무관한 사람이었다. 낙서나 할 줄 알았지, 글을 쓰고 책을 낼 거라고는 한 번도 생각하지 못했다. 그런데 그런 내가 부끄러움을 무릅쓰고 내 이야기를 적기 시작했다. 처음엔 글쓰기가 마음의 상처를 달래는 한 방법일 뿐이었다. 그러다가 '내 이야기가 타인에게 도움이 된다면 이보다 더 좋을 수 없다.'라는 생각에 미쳤다. 나는 머리가 좋은 편은 아니고, 어떻게든 노력하며 일하며 살아온 사람이다. 좌충우돌하며 깨지고 넘어지면서 수많은 상처를 받았지만, 그 모든 경험들이 지금의 나를 있게 했다.

해결한 빚을 계산해 보았다. 대학 첫 등록금(카드깡) 350만 원, 아버지 병원비 2,500만 원 이율 14%, 친구에게 빌린 돈 300만 원, 서명으로 가져온 빚 1,500만 원 이자 별도, 포장마차 벌금 150만 원, 어머니 병원비 1,500만 원 신용 카드 대금, 신용 회복으로 갚은 돈 3,500만 원, 아버지의 보증 빚 3,000만 원(갚지 않고 해결), 배우자의 대출금 3,000만 원, 시댁의 부동산 담보 대출 이자 1,000만 원, 핸드폰 사용에 의한 카드 대금, 핸드폰 기기값, 렌털 자동 이체로 출금된 금액 등 보이스 피싱으로 지출된 금액 700만 원, 렌털 회사에 갚아야 했던 1억 원(갚지 않고 해결), 역전세로 현금 마련한 돈 4억 원 이상.

내가 빚을 해결했다고 하는 돈 중에 3억 원은 자산을 늘리기 위한 빚이 아니었다. 순도 100% 갚아야 하는 빚이었다. 20년 동안 매달 부담해 온 엄마의 병원비는 최소 5,000만 원이 넘고, 가장으로 생활비 지출이 많았지만, 고정 지출은 빚에 포함하지 않았다. 나는 모든 빚에 대해 원금을 면책받거나 탕감받은 적도 없다. 신용 회복으로 갚은 돈만 이자가 없었다. 보통은 고리의 이자가 포함된 돈을 갚았다. 빚을 만든 주체가 대부분 내가 아니었다. 순수하게 해결한 빚만 3억이 넘는다. 갚은 빚 중 내가 만든 빚은 대학 등록금과 신용 회복으로 갚은 빚뿐이다. 이후 역전세로 만든 빚은 자산으로 만든 빚이라 빚으로 포함하지 않았다.

20대부터 빚이 있었던 나에게 본업 말고 부업을 병행하는 건 당연한 일상이었다. 보험 영업은 15년 이상 본업으로 그 본분을 충실히 했다. 영업직을 하면서 부족한 금융 공부와 학교 공부를 병행했다.

모든 공부는 행동으로 이어졌다. 부동산 경매, 음식점, 강의, 주식투자 등 두 가지 이상의 일을 했다. 어느 날 브리핑 영업을 같이했던 쇼핑호스트가 직업인 친구에게 소개받아 네트워크 비즈니스에도 도전했다. 혼자 맡은 임무를 해내는 일과 달리 진정한 리더만이 성공하는 일이라서 성과가 미미했다.

시도했던 일 중에 잘된 일도 있고 안 된 일도 있다. 경매에 처음 도전할 때 권리 분석을 잘못해서 입찰금 몇천만 원을 고이 곱게 날려버렸다. 부업으로 친구들과 동업해서 시작한 음식점이 2년 동안

1억 원 이상의 순수익을 남겼다. 돈 버는 게 참 쉽다고 생각했다. 자영업으로 재미를 보자 야심 차게 두 번째 음식점을 차렸다. 그러나 초심자의 행운이 끝났는지 두 번째 가게에서 6개월 만에 2억 원 이상 손해를 입었다. 권리금을 받기가 어려웠고 친구가 권리금 1천만 원에 인수했다.

처음으로 냈던 가게도 시간이 지나 난관에 봉착했다. 매출이 줄고 가맹점 본사 원자잿값이 인상되었다. 이익이 줄고 가끔 목돈이 필요해지기도 했다. 친구 셋이 각출해서 지출을 몇 번 메웠다. 계속 유지하고 싶은 마음이 들지 않았다. 권리금을 일부 받고 타인에게 넘겼다. 일을 열심히 했지만, 자산이 줄고 있을 때 독서 모임을 시작했고 새로운 인연을 만났다. 왕성한 활동을 줄이자 그 과정에 멀어진 사람들도 있고 가까워진 사람들도 있다.

돈을 벌어야 했다. 집을 월세로 내놓고 좁은 집으로 이사했다. 하고 싶은 일, 성공하고 싶은 일에 열중했다. 그러나 하고 싶은 일이 잘되지 않았다. 수입이 필요해서 하고 싶은 일과 돈을 당장 버는 일을 병행했다. 이후 부동산을 주시했다. 그리고 부동산으로 돈을 벌기 위해 계획을 짰다.

그런데 말도 안 되는 일이 벌어졌다. 전 세계적인 팬데믹 코로나가 발생했다. 내가 가지고 있는 부동산에 비해 기대 수익률이 더 높을 것 같은 부동산을 이미 계약한 상태였다. 내 집이 안 나가고 돈줄이 막혀서 대출을 알아보는 과정에 보이스 피싱을 당했다. 보이스 피싱이란 늪에 빠진 지 2년이 지나면서 경찰서에 몇 번이나 방문했다.

보이스 피싱으로 모든 재산을 잃을 위기에 처했을 때 기적처럼 파이어족이 되었다. 평생 일하다가 일을 쉬자 몸에 날개가 돋친 듯 자유로웠다. 일이나 돈과 무관한 사람들과 교류하고 여행 다니고 운동하고 유흥거리를 쫓아다녔다. 친정 식구들은 분가해서 따로 살고 있었고 아들마저 군대에 가서 집에 혼자 있었다. 생활비가 200만 원 정도로 줄어서 홀가분한 상태가 되었다. 아침에 9시쯤 일어나서 테니스 개인 지도를 받는 게 유일한 고정 업무였다. 이후 합가하고 나서 생활비가 늘었고 다시 출퇴근하며 그 시간을 보냈다.

돌이켜 보면 나는 살면서 돈 때문에 힘들어하고, 상처받고, 아쉬워했다. 돌부리처럼 불쑥 튀어나오는 문제들을 '벽돌 깨기'처럼 부수다 보니 조만간 지천명의 나이가 된다. 분가, 합가, 분가, 합가, 분가를 거듭 반복했다. 그러나 지금은 안다. 가족과 한 공간에 함께 살지 않아도 책임에서 도망가려고 하지도 않는다.

일도 마찬가지다. 출퇴근은 그만두었지만 나는 여전히 매일 돈을 활용하고 잘 굴리기 위해 기회를 살핀다. 안정적인 현금 흐름과 목표한 자산을 만든다면 더욱더 좋은 일을 해내고 싶다. 나는 한 번도 완벽한 적이 없다. 다만 늘 최선의 길을 찾으려고 노력할 뿐이다. 빚 때문에 고민하는 사람, 보이스 피싱으로 고통받는 사람, 돈을 모으고 싶은 사람에게 내 경험이 도움이 되면 좋겠다.

반드시 기억하자. 찾으려고만 한다면 방법이 있다. 정답이 아닌

해답을 찾으면 된다. 살다가 문제를 만나더라도 최선을 선택하자.

나는 오늘도 새로운 꿈을 꾸고, 하나씩 버킷리스트를 채워 나간다. 배움과 경험을 쌓으며, 의미 있는 하루하루를 만들어 갈 것이다. "Es ist gut."[10]

---

10 es ist gut. (좋다.) 임마누엘 칸트(독일어: Immanuel Kant, 독일어 발음: [ɪˈmaːnyɛl kant], 1724년 4월 22일 ~ 1804년 2월 12일)는 근대 계몽주의를 정점에 올려놓았고 독일 관념 철학의 기반을 확립한 프로이센의 철학자이다.칸트가 죽음을 앞두고 와인을 청해 마시고 마지막으로 한 말이 es ist gut. 다.